Rodulfo González

GOBERNADORES
CONTEMPORÁNEOS
DEL ESTADO
NUEVA ESPARTA

Isla de Margarita, Venezuela, Julio de 2019

Publicado por primera vez por CICUNE 2019
Copyright © 2018 por Rodulfo González
Reservados todos los derechos.
Ninguna parte de esta publicación puede ser reproducida, almacenada o transmitida en cualquier forma o por cualquier medio, electrónico, mecánico, fotocopiar, grabar, escanear o de otro modo sin permiso por escrito del editor. Es ilegal copiar este libro, publicarlo en un sitio web o distribuirlo por cualquier otro medio sin permiso.
Rodulfo González no tiene ninguna responsabilidad por la persistencia o exactitud de URL de sitios web de Internet externos o de terceros a los que se hace referencia en esta publicación y no garantiza que el contenido de dichos sitios web sea, o permanecerá, exacta o apropiada.
Las denominaciones utilizadas por las empresas para distinguir sus productos suelen ser reclamados como marcas comerciales. Todas las marcas y nombres de productos utilizados en este libro y en su portada, nombres comerciales, marcas de servicio, marcas registradas son marcas registradas de sus respectivos propietarios. Los editores y el libro no están asociados con ningún producto o proveedor mencionado en este libro. Ninguna de las empresas u organizaciones a las que se hace referencia en el libro lo han respaldado.
Catálogo de la Biblioteca del Congreso
Nombre: Rodulfo González, 1935-
ISBN: 979-8-3485-6226-7 (paperback)
ISBN: 979-8-3485-6225-0 (e-book)
ISBN: 979-8-3485-6227-4 (hardcover)
Primera edición
Diagramación de Juan Rodulfo
Arte de portada por Guaripete Solutions
Producción: CENTRO DE INVESTIGACIONES CULTURALES DEL ESTADO NUEVA ESPARTA (CICUNE)
cicune@gmail.com
Impreso en EE. UU.

Gobernadores de Nueva Esparta

I. PROEMIO

Venezuela entró a la contemporaneidad, según muchos historiadores, al producirse los hechos político-militares que derrocaron el gobierno del general Isaías Medina Angarita, último vestigio del gomecismo, opuesto a que el pueblo escogiera mediante sufragio universal, secreto y directo al presidente de la República y a los miembros del Congreso Nacional y Asambleas Legislativas.

Este evento, que tuvo lugar el 18 de octubre de 1945, hizo posible la formación de una Junta Revolucionaria de Gobierno, presidida por Rómulo Betancourt, la cual factibilizó la entrada de Venezuela al siglo XXI y, consiguientemente, el disfrute colectivo total de la democracia, hasta esa fecha oficialmente secuestrada.

Como es lógico suponer, el Estado Nueva Esparta también fue usufructuario de ese cambio con efectos políticos, económicos, sociales y culturales que se reflejaron positivamente en todos los sectores de la población.

Y esta transformación fue llevada a efecto por los políticos y los gobernadores. Desde 1945 hasta 2016, han estado al frente de la gobernación cuatro militares, de ellos provisoriamente, el teniente de las Fuerzas Armadas de Cooperación José Emilio Cegarra desde el 25 hasta el 26 de noviembre de 1948, y el capitán del mismo componente castrense Ugolino Izaguirre Velásquez, desde el 24 al 28 de enero de 1958, ambos en calidad de gobernadores civiles y militares provisorio; el capitán de corbeta Dimas Paublini Guevara; y el general en jefe Carlos Mata Figueroa, este último mediante elecciones. Los demás han sido civiles profesionales del comercio, la medicina, la economía, la abogacía, las ciencias políticas, la arquitectura, la ingeniería, la política y la docencia primaria y secundaria, etc.

Una sola mujer, Irene Sáez, en el tiempo analizado, había ocupado la Gobernación. También le correspondió ser a esta funcionaria la única persona destituida por el Consejo Legislativo bajo el alegato legal de abandono de cargo desde que los gobernadores son designados mediante elección popular.

Resulta conveniente saber que dos gobernadores murieron en el ejercicio del cargo, los doctores Pedro Luis Briceño, designado por el presidente de la República, y Rafael Tovar, reelegido para un segundo periodo que no pudo desempeñar.

Cabe destacar que la construcción de obras de vialidad, escuelas, edificaciones públicas y hospitales, así como el impulso cultural, económico y turístico se produjo mayoritariamente durante la gestión de los gobernadores Heraclio Narváez Alfonzo (en la dictadura del general Marcos Pérez Jiménez); Virgilio Ávila Vivas (gobierno del presidente Carlos Andrés Pérez) y Morel Rodríguez Ávila (primero mediante nombramiento del presidente Jaime Lusinchi y luego como producto de elección popular, el primero escogido en Nueva Esparta directamente por el pueblo).

Además, no en todo caso una obra inaugurada por determinado gobernador significa que la haya iniciado. Los ejemplos abundan. La avenida Porlamar-La Asunción, designada posteriormente Rafael "Fucho" Tovar, la inició el gobernador Virgilio Ávila Vivas, pero la inauguró la gobernadora Irene Sáez. El Gimnasio Ciudad de La Asunción lo inició el gobernador Pedro Luis Briceño y lo inauguró el gobernador Morel Rodríguez Ávila. Un último ejemplo, el Museo de Arte Contemporáneo Francisco Narváez lo inició el gobernador Virgilio Ávila Vivas, sin embargo, lo inauguró el gobernador Pedro Luis Briceño.

LOS GOBERNADORES Y SUS OBRAS

José Lino Quijada

Político y escritor. Gobernó como presidente encargado desde el 20 de octubre de 1945 hasta el 18 de mayo de 1946.

ACTA DE TRANSMISIÓN DE MANDO

"En la ciudad de La Asunción, capital del Estado Nueva Esparta, a veinte de octubre de mil novecientos cuarenta y cinco, presentes en el Palacio de Gobierno el ciudadano José Lino Quijada, designado para encargarse de la Presidencia de esta Entidad Federal, por la Junta Revolucionaria de Gobierno de los Estados Unidos de Venezuela, según radiograma de fecha de hoy; doctor Antonio José González Ávila, secretario general de Gobierno, encargado de dicha Presidencia, y el señor Basilio Narváez, en su carácter de Secretario General interino, y demás personas que suscriben, con el fin de verificar la transmisión del Poder que hará el segundo de los nombrados en la persona del primero; se procedió al efecto, y habiéndose llenado la formalidad requerida, se levanta la presente acta que firman José Lino Quijada, Antonio

José González Ávila, Basilio Narváez, A. Paz González, L. Prieto Higuerey, Mateo Ortiz González, J. Asunción Salazar, C. León Pérez, Andrés R. León, S. Espinoza, Ángel Vicente Cedeño, Darío Carrasquero, Rufino Quiroga, Jesús Gómez Salazar, A. Rivera, José N. Pérez F., Humberto Lárez B., Leoncio Millán".

José Lino Quijada

Habiendo sido designado por la Junta Revolucionaria de Gobierno de los Estados Unidos de Venezuela, para encargarme de la Presidencia de este Estado Nueva Esparta.
Decreto:
Art. 1º.- Me declaro en ejercicio de la Presidencia del Estado Nueva Esparta y nombro secretario general de Gobierno al ciudadano doctor Alberto Paz González.
Art. 2º.- Comuníquese y publíquese.
Dado, firmado y sellado en el Palacio de Gobierno del Estado Nueva Esparta, en La Asunción, a 20 de octubre de 1945. Año 136º de la Independencia y 87º de la Federación.
(L.S.)

Resumen de gestión

Nombramiento de las Juntas Municipales de los Distritos Arismendi, Gómez, Díaz, Maneiro y Mariño.

Envío a Caracas de un grupo de personas durante dos meses, con becas de 200 bolívares, para especializarse en actividades de alfabetización de adultos y luego regresar a la isla a prestar sus servicios, especialmente a los obreros que requieran este favor oficial.

Decreto de la construcción por el sistema de concreto armado de un puente sobre el río Espíritu Santo, en las inmediaciones del antiguo puente Sucre y un edificio para mercado público en Pampatar.

Decretos para la adquisición a Daniel E. Rincón, del comercio de Maracaibo, por Bs. 34.800, de una planta eléctrica para el alumbrado de Juangriego, Los Millanes y Pedregales y la construcción de la respectiva sede para su instalación y un edificio para cárcel pública que reuniera las consideraciones exigidas, por considerar que la existente no reunía las condiciones de capacidad e higiene, inadecuada para responder a los importantes fines sociales de su objeto. Igualmente, la ejecución de trabajos de pavimentación por el sistema de concreto de la avenida Antonio Díaz de San Juan Bautista, los trabajos de conclusión del nuevo cementerio de Porlamar y la construcción de los cementerios de El Maco y del Caserío Ríos del Municipio Tubores.

Instalación en Pampatar de 76 surtidores de agua y la puesta en funcionamiento en colaboración con el

Ministerio de Educación, de un comedor escolar para 100 niños, dotado de 5 mesas, 100 cubiertos, cocina, manteles, vasos y todo lo indispensables para su operatividad.

Pavimentación por el sistema de concreto de la calle Aurora de Juangriego.

Creación de una escuela nocturna en Tacarigua y el cargo de médico viajero en El Valle del Espíritu Santo.

Constitución de una Comisión Ad-Honorem calificadora de becas de estudio, de cinco miembros.

Creación de una escuela nocturna para obreras en Porlamar, una escuela nocturna en Puerto Fermín y una escuela diurna en Aricagua.

Construcción de un estanque en San Pedro de Coche con capacidad suficiente para recibir el agua proveniente de Cumana en gabarra una vez por semana y cloacas en las calles González y Figueroa de La Asunción.

Contribución de 6 mil bolívares para la construcción de la plaza Bolívar de Porlamar.

Creación de escuelas mixtas en El Valle del Espíritu Santo y Las Giles.

Autorización, mediante Decreto 116, del funcionamiento legal de la agrupación política Unión Republicana Democrática, por haber llenado los requisitos establecidos en los incisos letras a) y b) del artículo 19 de la Ley para Garantizar el Orden Público y el Ejercicio de los Derechos Individuales. La solicitud fue formulada por el doctor Rafael Hernández Rodríguez.

Decretos para la construcción de un salón o pabellón al Este del Hospital Luis Ortega con capacidad suficiente para consulta externa y hospitalización de niños y la adquisición a Agencias Industriales C.A. AICA, de Caracas, de 8 equipos generadores Onan & Sons, apropiados para la instalación de alumbrado eléctrico en pequeñas localidades por Bs. 45.515,20.

Decreto para los trabajos de reparación de los caminos vecinales de los caseríos Ruiz, Guerra y Puerto Fermín.

GUILLERMO SALAZAR MENESES

Tomó posesión del cargo el 18 de mayo de 1946 y gobernó hasta el 24 de noviembre de 1948, cuando fue derrocado el presidente Rómulo Gallegos. Fue el último funcionario que ocupó el cargo en calidad de presidente, como se denominaba al gobernador.

ACTA DE TRANSMISIÓN DE MANDO

En la ciudad de La Asunción, capital del Estado Nueva Esparta, a dieciocho de mayo de mil novecientos cuarenta y seis, a las 11:30 a.m. presentes en el Palacio de Gobierno los ciudadanos Guillermo Salazar Meneses, nombrado Presidente de esta Entidad Federal, por Decreto N° 287 de la Junta Revolucionaria de Gobierno de los Estados Unidos de Venezuela, fecha 11 de mayo en curso, José Lino Quijada, Presidente saliente, Francisco Verde Villarroel, Encargado de la Secretaría General de Gobierno y demás empleados públicos y ciudadanos que suscriben, con el fin de verificar la transmisión legal del Poder que hará el segundo de los nombrados en la persona del primero; se procedió al efecto, y lleno que fueron las formalidades requeridas, se levanta la presente acta que firman: Guillermo Salazar Meneses, José Lino Quijada, F. Verde Villarroel, Loreto Prieto Higuerey,

Luis C. Valencia M., Andrés Salazar Yánez, J.A. Turmero Barrios, José I. Gómez, Braulio S. Mata, Alí Córdova, J. Hernández Mejías, O. Josefina Bor, Pedro Ángel Gómez, Ursulina de Estava, D. Ortiz R., Darío Carrasquel López, Bertho Bautista Benítez, J. Hernández R., Ramón González.

Guillermo Salazar Meneses

Nombrado como he sido presidente del Estado Nueva Esparta, por Decreto N° 287 de la Junta Revolucionaria de Gobierno de los Estados Unidos de Venezuela, fecha 11 de mayo en curso, y habiendo prestado la promesa legal ante la Corte Suprema de esta Entidad Federativa,
N° 135 Decreto:
Art. 1°. - Me declaro en ejercicio de la Presidencia del Estado Nueva Esparta.
Art. 2°. - Nombro secretario general de Gobierno al ciudadano Dr. José Ángel Turmero Barrios.
Art. 3.- Comuníquese y publíquese.
Dado, firmado y sellado en el Palacio de Gobierno del Estado Nueva Esparta, en La Asunción, a 18 de mayo de 1946. Año 137° de la Independencia y 88° de la Federación.
(L.S.)
Guillermo Salazar Meneses

Resumen de gestión

Durante el ejercicio de sus funciones se crearon escuelas unitarias diurnas en las poblaciones de Aricagua, Las Giles, Punta de Mangle, Altagracia, La Fuente, El Valle del Espíritu Santo, Las Guevaras, Santa María, La Guardia, El Valle de Pedrogonzález, Los Robles, El Pilar, Tacarigua y El Maco.

Otras obras fueron:

Pavimentación por el sistema de concreto de la avenida Gaspar Marcano de San Juan Bautista. Acueductos para el abastecimiento de los caseríos Guzmán, Vásquez, Fermín y Moreno, utilizando al efecto el pozo tubular Nº 10 de esas localidades del Distrito Díaz, que se ven obligadas a efectuar un largo recorrido para proveerse de agua potable.

Decreto para la construcción de una plaza en el caserío Fajardo con el nombre de Dr. Luis Ortega, creación de una escuela nocturna para obreras en San Juan Bautista. Ejecución de trabajos de limpieza de los pozos de agua de Altagracia, Los Millanes, Pedregales, Las Cabreras, Orinoco y Porlamar.

Colaboración de 2 mil bolívares para la Junta de Fomento que construía la capilla de Boca de Pozo y trabajos de reparación de los caminos carreteros de Boca del Río, El Manglillo y Boca de Pozo.

Construcción de los cementerios de El Guamache y Güinima, isla de Coche, concesión de autorización para el funcionamiento de la Seccional del Partido Comunista de Venezuela, con sede en el Caserío Ríos, Municipio Tubores, luego de la solicitud que le hicieran Gerardo Marín, Arturo Marín, Felipe Hernández y Bernabé Vásquez.

Reconstrucción de la plaza Mariño de Pampatar.

Decreto dirigido a la adquisición de la tubería y los accesorios necesarios para la instalación del servicio de agua en Loma de Guerra, la adquisición de los tubos y los accesorios necesarios para el servicio de agua en Palguarime y la construcción de un nuevo cementerio en La Plaza de Paraguachí.

Otorgamiento del permiso al Partido Socialista Venezolano para su funcionamiento en Nueva Esparta, tras la solicitud formulada por Julián Fermín, J. García Gómez, Julián Marcano, Francisco Mendoza, José Rafael Mendoza, Ernesto María Durán y Josefina Rodríguez.

Decreto de la edificación de un salón debidamente dotado de los aparatos, instrumentos y útiles requeridos para el funcionamiento en un Servicio de Maternidad en el Hospital Luis Ortega, la instalación de equipos eléctricos para el alumbrado de La Plaza, Puerto Fermín, Boca del Río, El Maco,

Tacarigua, San Sebastián, Los Robles y San Pedro de Coche.

Ensanche del cementerio de Santa Ana del Norte y construcción de una plaza en El Valle de Pedrogonzález.

Reconstrucción de la plaza Sucre de Altagracia.

Decreto para la organización de los planteles insulares y creación en Boca del Río de la Escuela Graduada Andrés Bello.

Acondicionamiento de las escuelas Antonio María Martínez y Charaima.

Establecimiento de escuelas unitarias diurnas en La Asunción, Salamanca, El Salado, La Sabana, Guarame, Aricagua, La Sierra, Loma de Guerra, El Cardón, La Mira, Manzanillo y La Fuente (Distrito Arismendi); Caserío Marcano, Caserío Gómez, El Guamache, Boca de Pozo, Caserío Zabala, Punta de Piedras, Caserío Aguiar, El Tuey, San Juan Bautista, Las Hernández, El Manglillo, Laguna de Raya, Las Casitas, Las Marvales, Caserío Orinoco, Los Gómez, Chacachacare, Guayacancito, Robledal, Las Giles y Punta de Mangle (Distrito Díaz); San Sebastián, Pedrogonzález, Caserío Arismendi, Caserío Francisco López, Caserío Bolívar, Altagracia y Zaragoza (Distrito Gómez); Juangriego, Las Cabreras, Pedregales y El Palito (Distrito Marcano); Caserío Ruiz, El Pilar (Los Robles), Pampatar, Caserío Guerra, El Bichar, el

Guamache y Güinima (Distrito Maneiro); Bella Vista, Las Piedras, San Antonio, El Piache, Las Misiones, Punda, La Isleta, Porlamar, Cruz Grande, El Valle del Espíritu Santo (Distrito Mariño); La Otrabanda, Salamanca, Aricagua, Manzanillo, Boquerón, La Asunción, Puerto Fermín, Caserío Espinoza y La Fuente (Distrito Arismendi); Tacarigua, Santa Ana del Norte, El Valle de Pedrogonzález y Altagracia (Distrito Gómez); San Juan Bautista; Juangriego, Los Millanes, El Pilar (Los Robles), San Pedro de Coche, El Bichar; Porlamar, Caserío Fajardo y El Valle del Espíritu Santo.

Creación de una Escuela Graduada con el nombre de Santiago Mariño en el barrio El Copey de La Asunción, y sendas escuelas unitarias en los entonces caseríos La Sabana (Arismendi) y Valparaíso (Marcano).

Decreto de la ejecución de los acueductos del Caserío Malaver, El Tuey, Los Fermines, Caserío Guzmán, Boquerón, El Vergel y Fuentecilla, Distrito Díaz y sendos edificios para comedores escolares en La Asunción, Porlamar, Santa Ana del Norte, Pampatar y Punta de Piedras y la creación del Servicio Médico Social del Magisterio para prestarles asistencia médica gratuita a los docentes.

Creación de la Escuela Nocturna N° 31 y modernización de la plaza Bolívar y el Parque Luisa Cáceres de Arismendi de La Asunción.

Instalación de una planta eléctrica para servir a los caseríos Malaver, Los Fermines, El Vergel y Fuentecilla, Distrito Díaz.

Constitución de Comisión para estudiar todo lo relativo a la reforestación de la Isla de Margarita, integrada por Erasmo Villarroel Marcano, Víctor García Maldonado, Pedro Carlos León Morales y Pedro Ramos

Puesta en actividad de la Escuela de Artes y Oficios de Porlamar, con las especialidades de Corte y Costura, Economía Doméstica, Correspondencia y Bordado, Mecanografía, Taquigrafía y Contabilidad.

Anexión a la Escuela Federal Graduada Agustín Rafael Hernández, de San Pedro de Coche, de la Escuela Estadal Diurna No 71 de Los Robles.

Inauguración del dispensario rural de El Valle de Pedrogonzález y la planta eléctrica de Juangriego con edificio propio, para el alumbrado de esa ciudad, Los Millanes, Pedregales y Las Cabreras.

Decreto para la construcción de puestos de salud rural en Santa Ana del Norte, La Guardia, Boca del Río y San Pedro de Coche y comedores escolares en La Plaza de Paraguachí, La Guardia, Punta de Piedras, Tacarigua y El Valle de Pedrogonzález como "medida de protección a los niños pobres", en cooperación con el Patronato Nacional de Comedores Escolares.

El 11 de agosto de 1948, con motivo de la celebración el 15 de ese mes del 450 aniversario del descubrimiento de Margarita, decreta la electrificación de la isla por medio de una planta central y la construcción y pavimentación por sistema de asfaltado de las principales carreteras margariteñas.

Inaugura el Mercado Libre de Porlamar y el Mercado Público de Pampatar.

Pone en funcionamiento en La Asunción la Concentración Escolar y una estación de leche; en La Plaza de Paraguachí, la medicatura con la respectiva vivienda médica y un comedor escolar; en Porlamar un edificio para comedor escolar y colocó la primera piedra para el nuevo hospital.

En San Pedro de Coche pone en funcionamiento el comedor escolar y en El Valle de Pedrogonzález la medicatura y la vivienda médica.

Inaugura los comedores escolares de Juangriego y Los Millanes y colocó la primera piedra de la Escuela Poliartesanal de la primera población. Asimismo, hizo entrega de los estanques para el servicio de agua en Boca del Río y El Bichar. Y en Punta de Piedras una estación de leche, la medicatura y la residencia médica y las aceras de la calle Bolívar y en San Juan Bautista, el Parque Antonio Díaz

Decreta la adquisición al comerciante Walter Romer, de Caracas, de un nuevo motor marca Crossley, de 36 caballos, con destino al servicio de la planta eléctrica de Pampatar por un costo de 14 mil 200 bolívares.

Todas estas obras fueron inauguradas con motivo del trisesquicentenario del descubrimiento de la isla de Margarita.

Contribución de 3 mil 337 bolívares, equivalente al 50% del costo de la obra, para la construcción de un pozo tubular en Punta Cují, Distrito Díaz, juntamente con el Concejo Municipal a los fines de abastecer de agua a la localidad.

Puesta a disposición del Concejo Municipal del Distrito Gómez, la cantidad de 12 mil 250 bolívares como contribución para adquirir de la firma Sociedad Anónima de Estudios y Representación Guinand, de Caracas, un equipo generador Diesel Electric General Motors, modelo 4043 B de 40 kilovatios para el alumbrado de Santa Ana del Norte.

Colaboración de 5 mil bolívares para la instalación del servicio eléctrico de Boca de Pozo.

Decreta la pavimentación de la carretera La Asunción-Porlamar.

Cabe destacar que, en su gestión, truncada por el golpe militar del 24 de noviembre de 194, se elevó el número de escuelas nocturnas de 18 existentes en octubre de 1945 a 37 al 15 de diciembre de 1947, adquirió el terreno para la construcción de una concentración escolar en La Asunción y construyó la Casa del Maestro, los grupos escolares de Los Robles y Punta de Piedras, el comedor escolar de Juangriego y el auditorio de la Escuela Francisco Esteban Gómez, de La Asunción.

José Emilio Cegarra

Teniente de las Fuerzas Armadas de Cooperación. Fue designado provisionalmente gobernador Civil y Militar por la Junta Militar de Gobierno el 25 de noviembre de 1948. Cesó en sus funciones el día siguiente.

NÚMERO UNO

En la ciudad de La Asunción, capital del Estado Nueva Esparta, a las tres horas post-meridiem del día veinticinco de noviembre de mil novecientos cuarenta y ocho, presente en el Despacho del Ejecutivo del Estado el Teniente José Emilio Cegarra, Comandante de la Guardia Nacional acantonada en Pampatar y comisionado por la Junta Militar de Gobierno constituida en Caracas, para encargarme provisionalmente del Gobierno Civil y Militar de esta Entidad Federativa, en virtud de haber asumido el Ejército Nacional el mando de la República, y no encontrándose en la actualidad el ciudadano Guillermo Salazar Meneses, quien ha venido ejerciendo el cargo de Gobernador; con presencia del ciudadano Doctor J.D. Pérez Michelena, que desempeñaba la Secretaría de Gobierno, y de un gran número de ciudadanos el nombrado Teniente José Emilio Cegarra, se posesionó de la Gobernación Civil y Militar del Estado Nueva Esparta. En constancia de lo expuesto, se levantó la presente acta, que firman: José Emilio Cegarra. - Marcos Tulio Ibarra. - Federico Leáñez. - J.R. Vásquez Fuentes. - Hugo Rodríguez. - Beltrán López R., Octavio Alfonzo Rodríguez. - Inocente Narváez. - Urbano Albornoz Moreno. - Carlos Acosta. - Jesús Narváez. - Vicente Ordaz. - P. Aguiar Millán. - Félix Rojas Tovar. - Daniel Castañeda. - José N. Salazar. - Ramón Rodríguez.

Teniente José Emilio Cegarra
Comisionado por la Junta Militar de Gobierno constituida en Caracas para asumir provisionalmente la Gobernación Civil y Militar de esta Entidad Federativa,
N° 1 Decreto:
Art. 1°. - *Me encargo provisionalmente de la Gobernación Civil y Militar del Estado Nueva Esparta.*
Art. 2°. - *Nombro secretario general de Gobierno, al ciudadano Marcos Tulio Ibarra, con carácter provisional.*
Art. 3°. - *Comuníquese y publíquese.*
Dado, firmado y sellado en el Palacio de Gobierno del Estado Nueva Esparta, a 25 de noviembre de 1.948.- Año 139° de la Independencia y 90° de la Federación.
(L.S.)
José Emilio Cegarra

Dimas Paublini Guevara

Capitán de Corbeta. Tomó posesión como gobernador civil y militar el 26 de noviembre de 1948 y cesó en sus funciones el 3 de octubre de 1949.

NÚMERO DOS

En la ciudad de La Asunción, capital del Estado Nueva Esparta, a las cinco horas y treinta y cinco minutos del día veintiséis de noviembre del mil novecientos cuarenta y ocho, presentes en el Palacio de Gobierno los ciudadanos Capitán de Corbeta Dimas Paublini Guevara, nombrado por la Junta Militar de Gobierno de Venezuela constituida en Caracas, Gobernador Civil y Militar de esta Entidad Federal; el ciudadano Teniente José Emilio Cegarra, quien se encargó ayer provisionalmente del Gobierno Regional; el ciudadano Marcos Tulio Ibarra, Secretario General de Gobierno, provisional, y varios ciudadanos que suscriben, con el fin de verificar la transmisión del Poder que hace el segundo de los nombrados en la persona del primero, se procedió al efecto, y habiéndose llenado la formalidad con los trámites requeridos, se levantó la presente acta, que firman Dimas Paublini Guevara.- José Emilio Cegarra.- Marcos Tulio Ibarra.- J.M. Barrios

(Tte. de Fragata).- Arturo Fontúrvel.- J.N. Castillo.- Juan Rosas.- R. Ávila Guerra.- S. Villalba Gutiérrez.- P.R. Marcano.- J. Mata Mata.- Leocadio Fermín.- Félix Rojas Tovar.- Nicolás González.- Atenógenos Sánchez Marcano.- Vicente Ordaz.

Capitán de Corbeta Dimas Paublini Guevara

Nombrado como he sido por la Junta Militar de Gobierno constituida en Caracas, Gobernador Civil y Militar de esta Entidad Federativa, y habiendo prestado la promesa legal por ante la Corte Suprema del Estado,
N° 4
Decreto:
Art. 1°. - Me declaro en ejercicio de la Gobernación Civil y Militar del Estado Nueva Esparta.
Art. 2°. - Nombro secretario de Gobierno, con carácter de interino, al ciudadano Dr. Bartolomé Mata Vásquez.
Art. 3°. - Ratifico los nombramientos que por Decretos números 2 y 3 hizo ayer el ciudadano Teniente José Emilio Cegarra, como encargado de la Gobernación Civil y Militar del Estado.
Ar. 4°. - Comuníquese y publíquese.
Dado, firmado y sellado en el Palacio de Gobierno del Estado Nueva Esparta, en La Asunción, a 26 de noviembre de 1.948. Año

139° de la Independencia y 90° de la Federación.
(L.S.)
Dimas Paublini Guevara

Resumen de gestión

Erogación de 35.000 bolívares para la construcción de la cúpula de la iglesia de Porlamar.
Escuela diurna en La Galera.
Acondicionamiento de un local que arrendó para el funcionamiento del mercado de La Asunción.
Dotación de un terreno al Consejo Venezolano del Niño en la antigua Plaza de los Escudos para construir una casa-cuna.
Donación de 2.000 bolívares para auxiliar a los damnificados del terremoto en el Ecuador.
Medicaturas rurales de Puerto Fermín, Boca del Río. Boca del Pozo, Altagracia, Tacarigua, El Valle del Espíritu Santo y Los Millanes con residencia para el médico.
Pavimentación con concreto de la calle Arismendi de Porlamar, reconstrucción de la calle Mariño en la misma ciudad, pavimentación de la avenida Joaquín Maneiro de Pampatar.
Construcción de alcantarillas en Pampatar y Los Robles.

Adquisición de planta eléctrica Fairbanks-Morse de 18 kv. para el servicio de electrificación de La Asunción.

Ejecución de un ramal carretero desde Juangriego pasando por Pedregales, y zona de Taguantar, hasta La Guardia "en virtud de que el tránsito de vehículos entre ambas localidades se hace más dilatado por la vía de San Juan Bautista".

Financiamiento del 50% del costo del alcantarillado en La Salina, calle Bolívar y barrio Guayamury de Juangriego.

Creación con carácter "ad honorem" de una Junta de Organización del Servicio Médico Social del Margariteño.

Adquisición a la firma Latin American Press Sindicate de Nueva York, USA, de un equipo de imprenta sistema teletipo.

Pavimentación por el sistema de concreto del tramo carretero Porlamar-El Valle del Espíritu Santo.

Compra a Carmen Luisa de Rodríguez del terreno donde funcionaba el mercado de Porlamar.

Asignación de 1000 bolívares para el funcionamiento de la emisora radal Margarita, perteneciente al Ministerio de Educación Nacional.

Orden de terminación del edificio destinado a servir de asiento a las oficinas públicas del Municipio Adrián del Distrito Marcano.

Trabajos en los caminos vecinales Santa Ana-El Valle de Pedrogonzález y Santa Ana-Altagracia.
Traspaso al Municipio Sucre de la planta eléctrica de Altagracia.
Pavimentación por el sistema de concreto de la calle El Sol-avenida Caracas de Juangriego.
Construcción de 10 viviendas en Porlamar.
Nombramiento de una comisión "ad honorem" con el fin de revisar las cuentas de la administración anterior desde el 200 de octubre de 1945 hasta el 24 de noviembre de 1948.

Heraclio Narváez Alfonzo

Escritor. Tomó posesión del cargo el 3 de octubre de 1949 y cesó en sus funciones el 23 de enero de 1958.

NÚMERO NOVENTA Y SEIS:

En la ciudad de La Asunción, capital del Estado Nueva Esparta, a las once horas ante merídiem del día tres de octubre de mil novecientos cuarenta y nueve, Año 140° de la Independencia y 91° de la Federación, en el Despacho Ejecutivo, los ciudadanos Heraclio Narváez Alfonzo, nombrado por la Junta Militar de Gobierno de los Estados Unidos de Venezuela, gobernador del Estado Nueva Esparta; Capitán de Corbeta Dimas Paublini Guevara, Gobernador saliente de la misma Entidad Federativa; Dr. Bartolomé Mata Vásquez, Secretario General de Gobierno, y varios funcionarios públicos y ciudadanos, con el fin de verificar la transmisión legal del Poder que hará el segundo de los nombrados en la persona del primero, se procedió al efecto y habiéndose llenado la formalidad con los trámites requeridos, se levantó la presente Acta que firman: H. Narváez Alfonzo.- Dimas Paublini G.- Bartolomé Mata Vásquez.- f. Verde Villarroel.- Diego Damas Blanco.- Carlos Castillo R.- R. Figueroa González.- S.

Ernández.- Rafael Hernández R.- Ricardo Fuentes.- José L. Mata.- A. González Ávila.- Pedro Sanabria Q.- R. Salazar Brito.- Eulalio Jiménez.- Alfredo Marcano.- Ángel Malaver.- Gregorio . Caraballo. - J.M. Brito Marcano. - Carlos Irala. - A.J. Marcano. - Esteban A. Millán. - F.R. Silva Torcat. - J.B. Hernández. - F. Hernández R.- Julio Villarroel. - Agustín Acosta.

Heraclio Narváez Alfonzo

Designado por la Junta Militar de Gobierno de los Estados Unidos de Venezuela para Gobernador del Estado Nueva Esparta, y habiendo prestado la promesa legal por ante la Corte Suprema de esta Entidad Política,
N° 149
Decreto:
Art. 1°. - Me declaro en ejercicio de la Primera Magistratura del Estado Nueva Esparta.
Art. 2°. - Nombro secretario general de Gobierno, al ciudadano Dr. Bartolomé Mata Vásquez.
Art. 3°. - Comuníquese y publíquese.
Dado, firmado y sellado en el Palacio de Gobierno del Estado Nueva Esparta, en La Asunción, a 3 de octubre de 1949.- Año 140° de la Independencia y 91° de la Federación.
(L.S.)
H. Narváez Alfonzo

Resumen de gestión

Creación de las escuelas diurnas de Guayacán, La Galera y La Caranta.

Construcción de un local para asiento de la escuela de Guayacancito.

Conforme a las normas establecidas por el Gobierno Nacional, el Ejecutivo regional se avoca a la construcción del edificio para el grupo escolar de Juangriego, en el sitio adquirido de la calle El Sol, con las dimensiones y demás características especificadas en el plano.

Procedió a suspender el funcionamiento de las escuelas nocturnas de la Gobernación, con miras a reorganizarlas "porque los resultados no se compaginaban con el esfuerzo que se venía realizando en pro de la superación cultural.

Inauguración de una escuela en La Isleta y el grupo escolar de La Guardia.

Creación de las escuelas diurnas de Santa Isabel, La Rinconada, El Cardón, El Manglillo y El Piache.

Declara vacantes la Escuela de Labores de Altagracia, y para un proceso de reorganización, las escuelas diurnas N° 13 (La Rinconada), N° 17 (Manzanillo), N° 32 (San Juan Bautista), Nos. 61 y 86 (Juangriego), N° 66 (El Palito) y la N° 87 (Las Guevaras), así como las escuelas de labores de La Asunción, La Vecindad y La Guardia.

Figura 1. Hospital Central Dr. Luis Ortega de Porlamar. Fue inaugurado el 16 de mayo de 1957 por el ministro de Sanidad y Asistencia Social de la época Dr. Pedro Antonio Gutiérrez

En el Mensaje presentado a la Asamblea Legislativa en sus sesiones de junio de 1954 dio cuenta de la construcción de las siguientes obras:

-Continuación del plan de eliminación de ranchos para que todos los habitantes "de esta tierra tengan vivienda higiénica". Indicó que la experiencia iniciada en La Galera y La Isleta no puede ser marginada pues se trata de una visión permanente de viviendas económicas e higiénicas para que todos los margariteños, cochenses y residentes tengan techo propio donde vivir.

Conclusión e inauguración del Palacio Municipal del Distrito Mariño, en Porlamar, moderna obra donde están instaladas las diferentes oficinas públicas municipales del Distrito.

Prolongación, juntamente con el Instituto Nacional de Obras Sanitarias de los acueductos de Punta de Piedras, La Vecindad y La Galera.

En San Juan Bautista se levanta un parque infantil y es propósito denominarlo doctor Ángel Lárez Boada, en homenaje a un distinguido y meritorio hijo de la región.

Se está acondicionando en El Valle del Espíritu Santo un edificio para destinarlo a retén de menores.

Construcción, en el Liceo Dr. Francisco Antonio Rísquez de una estación de espera y un campo deportivo.

Señaló que con el mismo criterio que privó para convertir una cárcel en instituto educacional, el antiguo Ayuntamiento de La Asunción, que después fuera penal, ha sido convertido en Museo y Biblioteca que al ser puestos en servicio vendrán a llenar una función de gran utilidad para propios y extraños.

Las principales carreteras han sido mejoradas con especial cuidado y se han dado al tránsito las nuevas vías de Las Barrancas, La Guardia, Caserío Bolívar-Los Millanes y La Asunción-La Sierra-El Valle del Espíritu Santo construida en su primera etapa.

En proceso de construcción se encontraban las edificaciones para las medicaturas rurales de Los Robles, Tacarigua, Altagracia y Los Millanes.

De los 18 puestos de salud que prestaban servicio sólo dos, el de El Tirano y el Boca del Pozo, no cuentan con locales modernos apropiados, pero es propósito del Gobierno de construirlo en el próximo período.

La Casa Municipal de Pampatar, de auténtico estilo colonial.

Dotación de piso de granito de la iglesia de Juangriego.

Construcción de medicaturas rurales y residencias médicas en Los Millanes, Altagracia, Tacarigua y Los Robles.

Puesta en funcionamiento en Porlamar de la Escuela Federal Graduada Santiago Salazar Fermín, eliminó la Escuela Unitaria Nº 79 del sector Genovés, cuyos alumnos cursarían en el nuevo plantel.

Establecimiento del Núcleo de Escuelas Rurales Nº 2 con sede en San Juan Bautista.

Decreto de tres días de duelo con motivo del fallecimiento del escritor y exgobernador Vicente Fuentes,

Puesta del ejecútese a la Ley de Régimen Político del Estado.

Orden para adquirir de la firma Tomás A. Herrero M, de Caracas, un equipo completo de imprenta completo, vertical, marca Miehle V50, de ¼ de pliego.

Construcción de un parque infantil en San Juan Bautista.

Reparación y mejora de los caminos vecinales de La Guardia-Juangriego; El Espinal-La Guardia; La Asunción-La Sabana; Puerto Fermín-Aricagua; Pozo de Agua-La Mira y Manzanillo-Playa de Manzanillo.

Decreto sobre la construcción del albergue infantil Pbro. Silvano Marcano Maraver, para atender a los niños con trastornos corregibles de la conducta y evitar ser recluidos en promiscuidad con transgresores adultos, a cargo del Consejo Venezolano del Niño, y situado en El Valle del Espíritu Santo; en el puerto de Porlamar de la avenida El Paseo, la ampliación del Mercado General, el malecón y oficinas para servicios públicos nacionales en la misma población.

Puesta en circulación de la obra Biografía Compendiada del General Santiago Mariño, del doctor Salvador Villalba Gutiérrez, dentro de las actividades conmemorativas del primer centenario de la muerte del referido prócer de la independencia y reconstrucción de la plaza epónima de El Valle del Espíritu Santo.

Decretó 3 días de duelo por el fallecimiento del doctor Miguel Ángel Mata Silva, autor del Himno de Nueva Esparta.

Puesta en funcionamiento en La Asunción de las edificaciones para el funcionamiento del Cuartel de Policía Estadal, el puente sobre el río, Ropero Escolar Elvira de García Rojas y el museo-biblioteca; las edificaciones para las medicaturas rurales de Los Millanes y Los Robles, de La Asunción. el edificio para cuartel de las Fuerzas Armadas de Cooperación y las medicaturas rurales de Altagracia y Tacarigua y parques infantiles en La Fuente, Juangriego y San Juan Bautista (Dr. Ángel Lárez Boadas".

Figura 2. Museo Biblioteca

Inauguración, el 4 de diciembre de 1954, del Campo Deportivo Olímpico Nueva Esparta, cuya construcción tiene su base en el Decreto 596 del 15 de mayo de 1954; asimismo, la avenida El Paseo de Porlamar, la Casa Municipal de Pampatar y la electrificación del Distrito Arismendi.

Entre las obras construidas en 1955 se cuentan:

Adquisición, de la firma caraqueña Tomás A. Herrero M., de un equipo completo de modernas maquinarias de imprenta, con prensa Roenig & Bauer, modelo Rex.

Decretos para la construcción de edificios para medicaturas rurales y residencias médicas en Puerto Fermín y Boca de Pozo, Mercado Público de Juangriego, acueducto para la parte central de San Juan Bautista, un moderno edificio que reuniera las condiciones requeridas para actividades culturales del margariteño y la colectividad en La Asunción, edificación adecuada, en el sitio adquirido para su emplazamiento por el Estado en el Caserío Fajardo de la Escuela Charaima, con las dimensiones y demás características que determinan el plano elaborado para la obra y plaza Santa María en Santa Ana del Norte.

Puesta en circulación de las obras El Capitán Poblador Margariteño Francisco Fajardo y Síntesis Biográfica del General Santiago Mariño, de Ramón Aspúrua.

Puesta en funcionamiento en La Asunción del Mercado Municipal, Parque Mata Illas y el Museo-Biblioteca Nueva Cádiz: el

Parque 2 de Diciembre en Porlamar y el Paseo del Puerto de Pampatar.

Inauguración del Hotel Bella Vista, la Central Telefónica, el edificio de Correo y Telecomunicaciones y el Hospital General de Porlamar, el muelle y el Mercado Municipal de Juangriego, la plaza Santa María en Santa Ana

Figura 3. Palacio Municipal de Maneiro

del Norte, los grupos escolares de Los Robles y Punta de Piedras, el acueducto de San Juan Bautista y la electrificación de los caseríos Velásquez, Las Barrancas, Vásquez y El Tuey, Municipio Díaz; las medicaturas rurales de El Tirano y Boca del Pozo;

Entrega de 42 casas para los pescadores de La Caranta. Inauguración de los parques José Rafael de Guevara, en Tacarigua y José Ceferino González y Avenida Carabobo en Santa Ana del Norte.

Parque infantil Dr. Luis Velásquez, Altagracia. Matadero Modelo de Porlamar. Bulevares en el puerto de Pampatar. Edificio para medicatura rural en la misma población. Plaza del Periodista de Porlamar. Edificio para la Escuela Federal Graduada Charaima, parque infantil y avenida Nueva Esparta, Porlamar.

Edificio para actividades culturales, Museo-Biblioteca Nueva Cádiz, Plaza Dr. Luis Mata Illas y auditorio del Grupo Escolar Francisco Esteban Gómez, en La Asunción. Plaza Juan Bautista Arismendi en La Fuente (5 de diciembre). Parque lateral en la iglesia San Nicolás de Bari. Cuatro nuevas tribunas e iluminación para competencias nocturnas del estadio Nueva Esparta. Plaza Fajardo (8 de diciembre) de Porlamar. Terminal telefónico y telegráfico en Porlamar. Ampliación del Liceo Dr. Francisco Antonio Rísquez.

Creación con carácter ad honorem y temporal de la Junta Pro-Fomento y Estímulo del Turismo en Nueva Esparta, integrada, entre otros, por Víctor Aumaitre Villarroel, Jesús Enrique Rodríguez y Alirio Seekatz. Se le encomendó la función de practicar, estudiar, coordinar y tomar decisiones en cuanto se relacionara con la planificación metódica de las actividades que juzgara conducente para el incremento del desarrollo turístico en la región.

Decreto para la construcción de la avenida Nueva Esparta, en el trayecto que parte de la zona Norte del Hotel Bella Vista y termina en la carretera Porlamar-Aeropuerto-Pampatar.

Constitución de una comisión con el cometido de practicar estudios, coordinar y tomar decisiones en cuanto se relaciones con la planificación metódica de las actividades que juzgue conducentes a incrementar el desarrollo turístico de la región.

Inauguración del parque infantil Dr. Luis Velásquez en Altagracia; edificio para medicatura rural en Pampatar y bulevares en la misma ciudad; Plaza Fajardo, terminal telefónico y telegráfico y matadero modelo, Plaza del Periodista, avenida Nueva Esparta, edificio para la Escuela Federal Graduada Canaima, con mobiliario y parque infantil en Porlamar; plaza Juan Bautista Arismendi en La Fuente y ampliación del Liceo Francisco Antonio Rísquez, La Asunción.

Durante su gestión fueron construidos los palacios municipales de los entonces distritos Arismendi, Marcano, Díaz, Maneiro, Gómez y Mariño y la carretera debidamente asfaltada de El Portachuelo hasta Juangriego que unió a Porlamar y La Asunción con las poblaciones situadas al norte de la isla de Margarita.

Ugolino Izaguirre Velásquez

Capitán de las Fuerzas Armadas de Cooperación. Fue designado gobernador civil y militar del 23 al 30 de enero de 1958.

ACTA DE TRANSMISIÓN DE MANDO

En la ciudad de La Asunción, capital del Estado Nueva Esparta, a las seis horas antemeridiem del día veintitrés de enero de mil novecientos cincuenta y ocho, presente en el Despacho del Ejecutivo del Estado Nueva Esparta, el Capitán Ugolino Izaguirre Velásquez. Comandante de la Guarnición de las Fuerzas Armadas de Cooperación acantonada en Porlamar y comisionado por la Junta Militar de Gobierno que asumió hoy en Caracas el mando de la república, para encargarse provisionalmente del Gobierno del Estado, y estando también presente el ciudadano Heraclio Narváez Alfonzo, quien ha venido ejerciendo la Gobernación, este último hizo entrega del Poder Ejecutivo del Estado Nueva Esparta al primero, el cual se posesionó con el carácter de Gobernador Civil y Militar. El acto se efectuó con asistencia de un grupo de ciudadanos, y en prueba de conformidad se firma la presente acta.

U. Izaguirre V.- Heraclio Narváez Alfonzo. - F. Verde Villarroel. - A. Camero. - Ángel Malaver. - José de la Cruz Gamero. - César Martínez M.- Jesús Aguado A.- José Vicente Marcano. - Francisco Herrera M.- A. Enrique León V. Capitán UGOLINO IZAGUIRRE VELÁSQUEZ comandante de la Guarnición de las Fuerzas Armadas de Cooperación acantonada en Porlamar, y designado por la Junta Militar de Gobierno de la República para Gobernador Civil y Militar del Estado Nueva Esparta.

N° 1 Decreto:
Art. 1°. - Me declaro en ejercicio de la Gobernación del Estado Nueva Esparta, con el carácter expresado.
Art. 2°. - Comuníquese y Publíquese.
Dado, firmado y sellado en el Palacio de Gobierno del Estado Nueva Esparta, en La Asunción, a 24 de enero de 1958.- Año 148° de la Independencia y 99° de la Federación.
(L.S.)
U. Izaguirre V.

Luis Villalba Villalba

Abogado e historiador. Asumió el cargo el 30 de enero de 1958 y lo ocupó hasta el 28 de febrero de 1959.

ACTA DE TRANSMISIÓN DEL PODER EJECUTIVO

En la ciudad de La Asunción, capital del Estado Nueva Esparta, a las cuatro horas post-meridiem del día treinta de enero de mil novecientos cincuenta y ocho, Año 148° de la Independencia y 99° de la Federación, presentes en el Despacho del Poder Ejecutivo, los ciudadanos Dr. Luis Villalba Villalba, nombrado por la Junta de Gobierno de la República de Venezuela, según Decreto de fecha veintisiete de enero en curso, Gobernador del Estado Nueva Esparta, y Capitán Ugolino Izaguirre Velásquez, Comandante de las Fuerzas Armadas de Cooperación en el Estado y quien asumió la Gobernación de esta Entidad el veintitrés también de este mes por disposición de la Junta de Gobierno, con el fin de verificar la transmisión legal del Poder, que hará el segundo de los nombrados en la persona del primero, se procedió al efecto, con asistencia de varios ciudadanos y habiéndose llenado la formalidad mediante los trámites que son de rigor, se levantó la presente acta que firman.- Luis Villalba Villalba.- U. Izaguirre V.- M. Montaner.- H. González M.- A. González Ávila.- C. García Salazar.- J. Villarroel.- Luciano Medina.- C. Millán García.- F. Verde Villarroel.

Dr. Luis Villalba Villalba

Nombrado como he sido por la Junta de Gobierno de la República de Venezuela, Gobernador del Estado Nueva Esparta y habiendo prestado el juramento legal,
N° 1
Decreto:
Art. 1°. – Me declaro en ejercicio de la Gobernación del Estado Nueva Esparta.
Art. 2°. – Nombro secretario general de Gobierno, al ciudadano Leonardo Quijada Rojas.
Art. 3°. – Comuníquese y publíquese.
Dado, firmado y sellado en el Palacio de Gobierno del Estado Nueva Esparta, en La Asunción, a 30 de enero de 1958. Año 148° de la Independencia y 99° de la Federación.
(L.S.)
Dr. Luis Villalba Villalba

Resumen de gestión

1958

En marzo decretó la adquisición de los terrenos para la construcción, por parte del Ministerio de Obras Públicas, de grupos escolares en Santa Ana del Norte, La Asunción, Porlamar, Tacarigua, El Valle de Pedrogonzález, San Pedro de Coche y El Valle del Espíritu Santo. Igualmente, la construcción de 72 casas para trabajadores de Punta de Piedras, Porlamar y Manzanillo; puesto de salud de Pedregales, grupo escolar para 500 alumnos de Boca del Río, comedor escolar de El Maco y parques infantiles en El Valle del Espíritu Santo, El Maco y Juangriego.

El 7 de febrero decretó la puesta en funcionamiento de la Oficina de Información, Prensa y Publicaciones adscrita a la Dirección de Política, por estimar conveniente "la creación de un organismo que lleve por finalidad suministrar a la ciudadanía las informaciones oficiales de interés colectivo, por medio de la prensa y dirigir las publicaciones que, en el propósito de contribuir al incremento de las manifestaciones culturales, acuerde el Ejecutivo Regional.

El 26 de febrero reorganizó el Ropero Escolar Elvira García de Rojas con miras a obtener el mejor rendimiento de sus beneficios.

El 26 de marzo decretó la construcción de 72 casas para trabajadores de Punta de Piedras, Porlamar y Manzanillo; puesto de salud de Pedregales, cementerios de Pampatar y Boca de Pozo y ampliación del de Juangriego; capilla de El Espinal, grupo escolar para 500 alumnos en Boca del Río; parques infantiles en El Valle del Espíritu Santo y caseríos Bolívar (El Maco) y Marcano.

El 31 de marzo decretó la adquisición de los terrenos necesarios para la construcción de grupos escolares en La Asunción, Santa Ana del Norte, Porlamar, Tacarigua, El Valle de Pedrogonzález, San Pedro de Coche y El Valle del Espíritu Santo.

El 14 de mayo creó el Premio Dr. Francisco Antonio Rísquez, de mil bolívares, para adjudicarlo al preceptor de la escuela unitaria que durante el año escolar hubiera demostrado mayor vocación y preocupación docente.

El 21 de junio decretó la construcción de un cementerio en Pedregales.

El 25 de julio decretó la dotación de plantas eléctricas y las redes requeridas para las poblaciones de El Maco, Punta de Piedras, El Espinal y San Pedro de Coche.

El 9 de agosto creó la Comisión Turística del Estado Nueva Esparta, con carácter ad-honorem.

El 22 de septiembre decretó la creación de escuelas primarias graduadas en El Espinal, Las Hernández, El Guamache (Tubores), La Vecindad, Güinima y San Antonio. También escuelas unitarias en Punta de Mangle (88), Robledal (89), Las Guevaras (90), Santa María

(91), Colegio María Inmaculada (74, anexa), Las Giles (86), Agua de Vaca (Díaz, 87). Guayacancito (92), El Manglillo (93), Los Gómez (94), Chacachacare (95), Mata Redonda (106), San Francisco de Macanao (107), El Palotal (108), San Sebastián (96), Las Piedras de Juangriego (97), Caserío Moreno (98), El Guamache de Coche (99), El Bichar (100), El Amparo (104), Porlamar (101), La Isleta (102), Conejeros (103) y La Cruz Grande (105). Igualmente, una plaza pública en Juangriego con un busto del doctor Francisco Antonio Rísquez.

El 10 de diciembre creó veinte Centros Colectivos de Alfabetización situados dos en La Asunción, La Otrabanda y la urbanización Táchira y uno en Salamanca, La Sabana, La Fuente, El Tirano, El Valle de Pedrogonzález, Juangriego, Los Millanes, Porlamar, Bella Vista, Punda, Conejeros, El Valle del Espíritu Santo y Las Piedras de El Valle.

El 12 del mismo mes decretó las siguientes obras: ampliación de la capilla de La Galera, tanque para 600 mil litros de agua en Paraguachí, depósito de agua de 14 mil litros en La Vecindad, estanque en Pampatar, embarcaderos de Boca del Río y Chacachacare, capilla de El Cercado y ampliación de la Escuela Estadal Charaima.

1959

El 20 de enero creó la Caja de Previsión y Asistencia Social de los Empleados y funcionarios del Estado, con un fondo inicial de 25 mil bolívares.

Agustín Ortiz Rodríguez

Médico. Ocupó la Gobernación desde el 28 de febrero 1959 hasta el 23 de julio de 1960.

ACTA DE TRANSMISIÓN DEL PODER EJECUTIVO

En la ciudad de La Asunción, Capital del Estado Nueva Esparta, a las diez horas antemerídiem del día veintiocho de febrero de mil novecientos cincuenta y nueve, reunidos en el Despacho del Poder Ejecutivo los ciudadanos doctores Agustín Ortiz Rodríguez, nombrado Gobernador del Estado Nueva Esparta, según Decreto del ciudadano Presidente Constitucional de la República de Venezuela de fecha veintiocho del mes en curso, y Luis Villalba Villalba, Gobernador en ejercicio, con el objeto de verificar la transmisión legal del Poder que hará el segundo de los nombrados en la persona del primero, se procedió al efecto, con asistencia de diversos empleados públicos y otros varios ciudadanos. Habiéndose llenado las formalidades de rigor, se levanta la presente acta que firman. Agustín Ortiz Rodríguez. – Luis Villalba Villalba. – L. Quijada Rojas. – Justo Simón Velásquez. – J.M. Mata Silva. – José I. Gómez. - Galo Marín. - A.N. Pirela. - P. Sanabria G.- Ciro Anés Guerra. - Eloy Rodríguez Campo. - Cruz Prieto S.- Valentín

Brito. - C. Martínez M.- Cruz G. Vásquez R.- Cruz Villarroel M.

Dr. Agustín Ortiz Rodríguez
Gobernador del Estado Nueva Esparta

Nombrado como he sido por disposición del ciudadano presidente Constitucional de la República de Venezuela, Gobernador del Estado Nueva Esparta y habiendo prestado el juramento legal,
N° 1
Decreto
Art. 1°.- Me declaro en ejercicio de la Gobernación del Estado Nueva Esparta.
Art. 2°.- Comuníquese y publíquese.
Dado, firmado y sellado en el Palacio de Gobierno del Estado Nueva Esparta, en La Asunción, a 28 de febrero de 1959.- Año 149° de la Independencia y 101° de la Federación.
(L.S.)

Agustín Ortiz Rodríguez

Resumen de gestión

1959

Ese año puso en funcionamiento la Escuela de Capacitación Obrera en Porlamar, con 30 alumnos que se preparaban como albañiles, carpinteros, plomeros y pintores de brocha gorda; los grupos escolares en La Vecindad, El Salado, Güinima, Boca del Río y Las Hernández y dos en Porlamar.

El 5 de marzo creó el cargo de secretario privado del gobernador con una asignación mensual de 1.600 bolívares.

El 6 de abril ordenó construir en La Asunción un Internado para Menores con instalaciones ajustadas a la técnica más avanzada en la materia.

El 7 de abril decretó la adquisición del terreno necesario para construir un grupo escolar en Paraguachí.

El 8 de abril decretó la construcción de un grupo escolar en Boca del Río para 400 alumnos en un terreno donado por el Concejo Municipal de Díaz

El 30 de abril de 1959, con motivo del Día del Obrero a celebrarse el 1º de mayo emitió un Decreto que contempló la construcción de grupos escolares en El Salado, La Guardia, La Vecindad, Güinima, Porlamar (Antonio María Martínez y José Joaquín D'León), y escuelas unitarias en Conejeros, Las Piedras de Juangriego, El Palito, El Guamache de Coche, Guayacán, San Sebastián, Mata Redonda, El Palotal, Las Giles, Punta de Mangle, Las Marvales, Caserío Orinoco, Los Gómez, Laguna de Raya, Las Barrancas, Agua de Vaca (Díaz), Guayacancito, El Tuey-El

Macho, Robledal, El Manglillo, Los Bagres, Las Guevaras, Chacachacare, Santa María, Fuentidueño, El Guamache de Punta de Piedras, La Sabana, Manzanillo, Las Huertas, Atamo, La Sierra, Salamanca y Aricagua, de las cuales, según el Mensaje que presentó a la Asamblea Legislativa en 1960, estaban concluidas y funcionando las ubicadas en Chacachacare, Aricagua, Tacarigua, El Guamache de Coche, Santa María, Los Bagres, Guayacancito, Fuentidueño, El Manglillo, El Palito, La Sabana, Las Giles, Los Gómez, Conejeros, Salamanca, Atamo, Manzanillo, Mata Redonda, Agua de Vaca (Díaz), Orinoco, Las Marvales y Laguna de Raya. Igualmente, la Casa Municipal de Los Robles, hospitales tipo B de Punta de Piedras y Juangriego, muelle de Punta de Piedras, edificaciones para mercado en Puerto Fermín, San Juan Bautista y Santa Ana del Norte, matadero en San Juan Bautista y cementerios de Aricagua y Guayacancito.

Ese año el gobernador hizo gestiones ante el Ministerio de Educación para que entrara en funcionamiento el primer ciclo del nuevo Liceo Juan de Castellanos en Juangriego. En Porlamar se construyó el edificio del Liceo Nueva Esparta para 1.200 alumnos y fue puesta en funcionamiento la Escuela Normal Miguel Suniaga.

El margariteño –señaló en su mensaje- es amante de la profesión del magisterio y una gran mayoría de los que abrazan esta carrera la aceptan como un apostolado, su labor ha sido digna de elogios y en la actualidad tiene 960 alumnos.

En el mensaje dio cuenta de la construcción de grupos escolares para 600 alumnos en La Guardia; de 600 en Los Millanes; de 300 en San Antonio y de 200 en Las Hernández y El Guamache de Punta de Piedras.

El 20 de mayo creó el Patronato Estadal de Roperos Escolares y el 30 del mismo mes adquirió de la Comunidad Indígena Francisco Fajardo por 3 mil bolívares la extensión del terreno para construir en Porlamar un liceo para 1.200 alumnos.

El 26 de mayo decretó la inauguración de los grupos escolares de La Vecindad, Tacarigua, Santa Ana del Norte y El Maco.

El 18 de junio, mediante Decreto Nº 43, creó en La Asunción la Escuela de Artes Plásticas y Artes Aplicadas, con una colaboración que no excediera los 6 mil bolívares mensuales, habida cuenta de que el Ministerio de Educación se haría cargo de los gastos de mantenimiento.

El 23 de julio decretó la adquisición por 10 mil bolívares de un terreno en El Salado, Municipio Antolín del Campo, con miras a construir un grupo escolar para 300 alumnos.

El 31 de julio inauguró la carretera Porlamar-Punta de Piedras y la vía Juangriego-Pedregales.

El 30 de septiembre decretó la creación de escuelas unitarias en La Sabana de Guacuco, Los Gómez, Cubagua, Las Giles, San Sebastián y El Piache.

El 16 de octubre creó las escuelas de Labores de Paraguachí, La Guardia, Tacarigua y Los Robles.

El 20 de octubre decretó la construcción de tres terminales de playa con fines turísticos dotados de 20 casas cada uno y sus respectivas obras complementarias que permitan su debido funcionamiento.

El 10 de noviembre creó dispensarios en el Caserío Marcano y El Palotal.

El 27 de noviembre creó 20 comedores escolares que situó en Salamanca, La Sabana, Atamo, Manzanillo, El Salado, Los Gómez, Las Giles, Mata Redonda, Boca del Río, El Espinal, El Palito, El Guamache de Coche, Güinima, Conejeros, San Antonio y la Escuela Normal Miguel Suniaga.

El 30 de diciembre estableció el Servicio del Vaso de Leche para funcionar preferiblemente en las poblaciones carentes de comedores escolares.

1960

El 28 de enero creó la Escuela de Capacitación y Especialización de Obreros, con sede en Porlamar.

El 30 de enero decretó la construcción de un muro para proteger la zona portuaria.

El 2 de marzo ordenó la construcción en El Guamache de Coche de un grupo escolar para 200 alumnos en vez de una escuela unitaria de 3 aulas y un grupo escolar de 200 alumnos en El Guamache (Tubores); de centros de salud en San Juan Bautista, Boca del Río, Boca de Pozo y San Pedro de Coche. Asimismo, parques de recreación dirigida en San Juan Bautista, Juangriego, Pampatar y Porlamar

De los 33 planteles decretados el 29 de abril de 1959 estaban en proceso de construcción los grupos escolares de Boca del Pozo, El Guamache de Coche y Las Hernández y las escuelas unitarias de Robledal, El Tuey, Las Huertas de Atamo, El Palotal, Las Piedras, Punta de Mangle, Las Barrancas y La Sierra. La escuela de El Guamache (Tubores) fue convertida en grupo escolar de 200 alumnos por exigirlo así el censo escolar efectuado en la localidad, y el edificio de la Escuela de Artes Plásticas y Artes Aplicadas de La Asunción se estaba ampliando.

Ese mismo día decretó la construcción en El Morro de "un tinglado con piso de cemento, casetas e instalaciones sanitarias, con el objeto de que ofrezca comodidades a las personas que visitan la Isla, en consideración a que el sitio es bastante pintoresco".

El 4 de mayo ordenó el traspaso al Patronato Nacional de Ancianos de la Casa Hogar de Ancianos e Inválidos construida por la Gobernación en Juangriego.

Entre el 30 y el 31 de mayo, con motivo de la inauguración del acueducto submarino de Margarita y Coche por parte del presidente Rómulo Betancourt, puso en funcionamiento el Liceo Nueva Esparta, de Porlamar, y los grupos escolares de Boca del Río, Güinima, Tacarigua, Santa Ana del Norte, El Maco, San Pedro de Coche, El Tirano, El Valle del Espíritu Santo, La Vecindad, El Salado y Antonio María Martínez y Br. José Joaquín D'León, en Porlamar. Asimismo, las escuelas de El Guamache de Coche, Aricagua, San Sebastián, Las Guevaras, Santa María, Los Bagres, Guayacancito, Chacachacare, Fuentidueño, El Manglillo, El Palito, Salamanca, Las Giles, Los Gómez, Conejeros, La Sabana, Atamo, Manzanillo, Mata Redonda, Agua de Vaca (Díaz), Laguna de Raya, Las Marvales y Caserío Orinoco. También, el Centro de Salud de La Asunción y terminales de playa en El Tirano, El Morro, Pampatar, La Galera y Manzanillo, los tres últimos con casas anexas; muelle de Punta de Piedras, la electrificación de Coche y Altagracia y Casa Hogar Margarita.

El 14 de julio decretó la construcción de grupos escolares en La Guardia, Boca de Pozo, Los Millanes y San Antonio. Igualmente, la construcción de un depósito subterráneo y un tanque elevado con capacidad suficiente para cubrir las necesidades de los laboriosos pobladores de El Manglillo.

Antonio Reina Antoni

Empresario. Tomó posesión del cargo el 23 de julio de 1960 y cesó en sus funciones el 1º de abril de mil novecientos sesenta y dos.

ACTA DE TRANSMISIÓN DEL PODER EJECUTIVO

En la ciudad de La Asunción, capital del Estado Nueva Esparta, a las diez ante-meridiem del día veintitrés de julio de mil novecientos sesenta Año 151º de la Independencia y 102º de la Federación, reunidos en el Despacho Ejecutivo los ciudadanos Antonio Reina Antoni, nombrado Gobernador del Estado Nueva Esparta, según Decreto del ciudadano Presidente Constitucional de la República de fecha dieciséis del mes en curso, y el Dr. Agustín Ortiz Rodríguez, Gobernador en ejercicio, con el objeto de verificar la transmisión legal del Poder que hará el segundo de los nombrados en la persona del primero, se procedió al efecto con asistencia de diversos funcionarios públicos y otros varios ciudadanos. Habiéndose llenado la formalidad con los trámites requeridos, se levantó la presente acta que firman. -Antonio Reina Antoni. - Agustín Ortiz Rodríguez. - José J. Rodríguez. - Vicente Gamboa. - Marianita de Gamboa. -Cruz G. Vásquez. - Saturio Reina. - J.

Salazar M.- Cruz Prieto. - A. Vásquez. - N. Mata. - Teresa de Reina. - María de Sánchez. - Katiuska N. De Borges. - L.B. Sánchez B. Miguel Reina. Hay además dos firmas ilegibles.

Antonio Reina Antoni

Nombrado como he sido por el ciudadano presidente Constitucional de la República de Venezuela Gobernador del Estado Nueva Esparta, y habiendo prestado el juramento de Ley
N° 1 Decreto:
Art. 1°. -Me declaro en ejercicio de la Gobernación del Estado Nueva Esparta.
Art. 2°. - Comuníquese y publíquese.
Dado, firmado y sellado en el Palacio de Gobierno del Estado Nueva Esparta, en La Asunción a 23 de julio de 1960. Año 151° de la Independencia y 102° de la Federación.
(L.S.)
Antonio Reina Antoni

Resumen de gestión

Entre 1960 y 1961 creó 27 comedores escolares en Puerto Fermín, Atamo, La Sabana, Salamanca, Manzanillo, El Salado, La Fuente, Grupo Escolar Luisa Cáceres de Arismendi de La Asunción; Los Gómez, Las Giles, Mata Redonda, Boca de Pozo, Boca del Río, El

Espinal, El Guamache (Tubores), Chacachacare, Las Hernández, Santa María, La Vecindad, El Palito, San Sebastián, Porlamar, Conejeros, Punda, San Antonio y Liceo Juan de Castellanos de Juangriego.

El 1 de septiembre de 1960 creó el Servicio de Trabajo Social, adscrito a la Dirección de Asistencia Pública y Social, para "poder realizar un buen plan de ayuda, inspirado y basado en la necesidad comprobada de los habitantes sin recursos económicos".

En el mes de octubre del mismo año, mediante gestiones ante el Ministerio de Educación, fueron nacionalizadas las escuelas José Joaquín D'León, del sector Punda de Porlamar, y Antonio María Martínez de la misma ciudad; Juan José Fernández de La Vecindad; Víctor Manuel Salazar de Güinima; Andrés Bello de Boca del Río, y las unitarias 2, 6 y 21 de El Salado y decretadas la creación de las escuelas N° 2 (Laguna de Raya), N° 6 (Las Guevaras), N° 7 (El Tuey), N° 21 (Santa María), N° 109 (El Guamache de Coche), Chacachacare, Las Marvales y Los Bagres.

Este gobernador manifestó su interés en el establecimiento de un Núcleo de la Universidad de Oriente en Nueva Esparta. En efecto, en uno de los mensajes a la Asamblea Legislativa manifestó: "El Ejecutivo Regional ha de agotar todos los recursos para lograr que pongan a funcionar las escuelas de la Universidad de Oriente que corresponden al Estado Nueva Esparta por cuánto ésta es una de las grandes aspiraciones de nuestros pueblos", añadiendo que "Por ello se ha sostenido conversaciones con el Presidente de la Comisión Organizadora y estamos dispuestos a aportarle nuestro gran apoyo para que se vea concretado en realidad lo que hasta ahora ha sido una justa aspiración: el funcionamiento de la Escuela de Técnicos Pesqueros, la Escuela de Administración Superior y la de Meteorología".

El 22 de ese mes decretó la demolición de los cuatro ranchos ubicados en los terrenos donde fue construido el Liceo Nueva Esparta. Igualmente, la construcción de viviendas en terrenos escogidos al efecto para ser adjudicados a los dueños u ocupantes de las casas demolidas.

El 23 de noviembre ordenó el traspaso de la vigilancia, ciudadano, mantenimiento y administración del muelle de Punta de Piedras al Concejo Municipal del Distrito Díaz. Su construcción fue decretada el 30 de abril de 1959 por el gobernador Agustín Ortiz Rodríguez. Igualmente traspasó a las municipalidades de los distritos Arismendi, Maneiro, Marcano y Mariño, para iguales propósitos, los terminales y demás edificaciones de playa con fines turísticos ubicados en El Cardón, Manzanillo, Pampatar, La Galera y Porlamar. Este último, ubicado en el sector El Morro, fue reasumido por la Gobernación el 21 de diciembre debido a encontrarse "acéfalo en su administración, lo cual ofrece el riesgo de que sufra deterioro y no se le preste el debido cuidado en su mantenimiento.

1961

El 3 de febrero ordenó la construcción de un edificio para el dispensario de San Francisco de Macanao.

El 7 de marzo ordenó la constitución de una Junta para que en un plazo mínimo de 30 le presentara al Ejecutivo regional un proyecto para el funcionamiento de una Escuela Estadal de Policía, la cual quedó constituida por el secretario general de Gobierno, quien la presidió; el procurador del Estado, el comandante de la Guardia Nacional y los directores de los liceos Dr. Francisco Antonio Rísquez y Nueva Esparta.

El 29 de marzo decretó la construcción de un edificio para el funcionamiento del dispensario del Caserío Bolívar (El Maco).

El 4 de mayo, por Decreto 121, ordenó la construcción, sobre el canal principal de entrada a la laguna de La Arestinga, en el sitio que determinen los planos respectivos, un puente de concreto que "habrá de constituir la principal vía de comunicación con la región de Macanao".

El 10 de mayo ordenó la construcción de local que reuniera las condiciones para el comedor escolar de El Guamache de Tubores, antes Díaz.

15 de mayo. Ordena la construcción de un dispensario en El Manglillo y el 17 del mismo mes el cementerio de Guayacancito y un local para el comedor escolar de San Antonio.

Durante su gestión fueron concluidos los grupos escolares de La Guardia, con capacidad para 600 alumnos y un costo de 420.067,92 bolívares; de Los Millanes (600 alumnos y un costo de 493.663, 38 Bs.); San Antonio (300 alumnos y un valor de 311.625,30 Bs.); Las Hernández (200 alumnos, Bs. 261.277,33) y El Guamache de Punta de Piedras (200 alumnos, Bs. 278.520,00). Ejecutó las carreteras La Guardia-Boca del Río, que tuvo un costo de Bs. 206.891,81; La Rinconada-Paraguachí; La Asunción-Santa Isabel-Salamanca; Tacarigua-San Sebastián y parte de la carretera Boca del Río-San Francisco de Macanao.

Ramón Borra Gómez

Profesor de educación secundaria. Tomó posesión del cargo el primero de noviembre de mil novecientos sesenta y dos y cesó en sus funciones el 24 de abril de 1964.

ACTA DE TRANSMISIÓN DEL PODER EJECUTIVO

En la ciudad de La Asunción, capital del Estado Nueva Esparta, a las diez hora antemeridiem del día primero de abril de mil novecientos sesenta y dos, Año 152° de la Independencia y 104° de la Federación, reunidos en el Despacho Ejecutivo los ciudadanos Ramón Borra Gómez, nombrado Gobernador del Estado Nueva Esparta, según Decreto N° 721 del ciudadano Presidente Constitucional de la República, y el ciudadano Antonio Reina Antoni, Gobernador en ejercicio, con el objeto de verificar la Transmisión Legal del Poder que hará el segundo de los nombrados en la persona del primero, se procedió al efecto con asistencia de diversos funcionarios públicos y otros varios ciudadanos. Habiéndose llenado la formalidad con los trámites requeridos, se levantó la presente Acta que firman:

Ramón Borra Gómez, Antonio Reina Antoni, Ismael Leblanc Silva, Alberto García,

Régulo Millán Boadas, José Ignacio Alfaro, Ennodio Ramos, Patricio Quilarque, Manuel Felipe Rodríguez, Mélida de Castañeda, Juan Ortega Q., José I. Gómez, Rafael Noriega, Luis Torcat, C. Clemente Marcano. Hay además nueve firmas ilegibles.

Ramón Borra Gómez
Gobernador del Estado Nueva Esparta

Nombrado como he sido por el ciudadano presidente Constitucional de la República de Venezuela, Gobernador del Estado Nueva Esparta, y habiendo prestado el juramento de Ley:
N° 1 Decreto:
Art. 1°. - Me declaro en ejercicio de la Gobernación del Estado Nueva Esparta.
Art. 2°. - Comuníquese y publíquese.
Dado, firmado y sellado en La Asunción a 1° de abril de 1962. Año 152° de la Independencia y 104° de la Federación.
(L.S.)
R. Borra Gómez

Resumen de gestión

1962

En octubre (1) decretó el traslado de las escuelas números 68, 84 y 76 que venían funcionando en El Agua, Conejeros y San Pedro de Coche a las poblaciones de Manzanillo, Las Cabreras y El Bichar, respectivamente (1); inauguró la ampliación de los grupos escolares Isabel La Católica (ex Charaima) y El Guamache (Tubores); los comedores escolares de Las Cabreras y El Espinal; el acueducto de La Sabana de Guacuco, la carretera La Asunción-Los Robles y la colocación del primer tubo del acueducto de esta última población (12); creó (16) las escuelas números 108 (El Bichar), 109 (Las Cabreras), 110 (Las Piedras de El Valle) y 111 (Caserío Guerra); decretó (23) la construcción de una plaza y un parque infantil en El Manglillo (Municipio Díaz).

En su mensaje de noviembre de ese año decía respecto al agua: "He empezado por prestar atención preferente al asunto del abastecimiento del agua, el cual, a pesar del acueducto submarino capaz para abastecer a una población de 193 mil habitantes, por razones de falta de aducciones y de otros inconvenientes, continúa siendo problema".

1964

El 10 de enero de decretó la constitución de la Fundación para el Desarrollo Comunal de Nueva Esparta.

El 22 de febrero creó en colaboración con el Ministerio de Educación el Centro Artesanal de Boca del Río.

El 21 de marzo se designó como cronista de Margarita al poeta Francisco Lárez Granado.

El 9 de abril de 1964, con motivo del primer centenario de haber sido elevada la Provincia de Margarita a la categoría de Estado mediante la Constitución de 1864, decretó la pavimentación del tramo carretero que da acceso a las ruinas del Fortín España.

El 18 del mismo mes y año inauguró la plaza y la Medicatura Rural de Güinima.

El 19, inauguró el edificio de la escuela de El Cardón, la ampliación de los cementerios de La Asunción, San Antonio y la remodelación del cementerio de Boca del Río.

En síntesis, su gestión quedó refleja en las siguientes obras:

Grupo Escolar, capilla, acondicionamiento del cementerio y dispensario rural en Las Cabreras (en construcción). Ampliación del Grupo Escolar de El Guamache, Tubores. Comedor del Grupo Escolar de El Espinal. Terminal de playa en La Restinga. Dispensario rural en Las Guevaras. Capilla y cementerio de San Francisco de Macanao, plaza pública en El Manglillo y Centro Comunal en El Cercado.

En noviembre de 1963 funcionaban 55 comedores escolares al servicio de 7.450

alumnos, cifra que se elevó a 11.700 con la creación de este servicio en La Huerta, La Sierra, Robledal, San Francisco de Macanao, El Tuey y Punta Cují y los puestos de alimentación de La Mira, La Rinconada, El Cardón, La Otrabanda, Guayacancito, Loma de Guerra, El Manglillo, Laguna de Raya, Caserío Marcano, Las Casitas, Los Fermines, Las Barrrancas, Los Marvales, El Palotal, Agua de Vaca, Orinoco, Punta de Mangle, Caserío López, Campiare, La Galera, Valparaíso, Cruz Grande, Cruz de la Misión, Bella Vista, La Isleta y Macho Muerto.

En su Mensaje a la Asamblea Legislativa Ramón Borra Gómez recordó que para el año 1958 había 28 comedores escolares donde recibían alimento 1.950 alumnos.

Educación. Dijo que insistió en la ampliación y mejoramiento del servicio, aunque desde el punto de vista educativo elevó la capacidad de aprendizaje y evitar el ausentismo escolar, lo que se concatena con los cuidados médico-asistenciales, con lo cual se promueve la salud integral del niño y forman hábitos alimentarios higiénicos y se aplican los tratamientos preventivos o curativos a través del servicio de Higiene Escolar.

Indicó que el programa respondía a la política de alimentación popular tan cuidadosamente recomendada por el presidente de la República, cuya acción ha sido real y efectiva en todo el Estado Nueva Esparta, conforme a los siguientes datos: En 1957 funcionaban 20 comedores escolares que atendían a 850 alumnos; en 1958 funcionaban 21 para 1.950 alumnos. Mientras que para el año de la cuenta funcionaban 55 para 7.450 alumnos. Para 1963 funcionaban 90, con los cuales se brindaba atención alimenticia a 11.750 alumnos de los 20.762 que existen como promedio en las escuelas, lo que significaba que el 56% de los educandos recibían los beneficios loables de este programa.

Desde 1961 hasta 1962 dependían del Ejecutivo Regional 5 escuelas graduadas y 106 unitarias, con 5.563 alumnos. En 1962-1963 se crearon 6 escuelas unitarias para niños de El Manglillo, El Bichar, Las Cabreras, Las Piedras y Caserío Guerra. Se mejoró profesionalmente a los maestros. Existían escuelas de labores, de música, de artes plásticas y centros de extensión cultural.

Turismo. Señaló que, como zona turística, se consideró conveniente preparar a los agentes policiales de manera que respondieran a los planes de turismo de la región. En este sentido, el agente policial cumple una importante y especial función, por ser uno de los primeros elementos con quienes hacen contacto las personas que nos visita. En consecuencia, es necesario adiestrarlos y capacitarlos en el conocimiento de todos aquellos aspectos. Historia y geografía regional que en un momento determinado pueden resultar útiles y provechosas, además de la grata impresión que sin duda alguna debe causar a todos los temporadistas al contacto con un agente del orden público atento, bien informado, cortés.

Precisó que la primera etapa de este programa de capacitación lo constituyó la organización de un cursillo de tres meses como parte inicial de planes más ambiciosos y dirigidos a sentar las bases para una futura Escuela de Formación y Capacitación de Agentes del Orden Público. Su organización se delegó en la Secretaría de Educación Cultura y Deportes.

Deportes. Para la celebración del VI Campeonato Nacional Juvenil de Béisbol hizo acondicionar el estadio Nueva Esparta y construyó los campos deportivos de Santa Ana del Norte y Los Millanes. Anunció la próxima construcción de un estadio de fútbol en Bella Vista.

Cementerios. Ampliación de los camposantos de La Asunción y Los Millanes. Reparación del cementerio de Santa Ana del Norte.

Iglesias. Aporte para la iglesia de San Juan Bautista.

Vivienda. Mencionó la construcción de 350 casas y su adjudicación a personas carentes de las mismas en Juangriego, Puerto

Fermín, Punta de Piedras, Altagracia, Tacarigua y San Sebastián, La Vecindad, Las Piedras de El Valle, La Fuente, La Rinconada, y La Otrabanda.

Antes de su entrega se hizo un estudio social.

De igual modo, por intermedio de la Oficina de Desarrollo Comunal se efectuaron trabajos de remodelación de barrios en Los Cocos, que entonces tenía 800 habitantes, la mayoría de Coche. Se construyeron 24 casas con el aporte de la mano de obra de la comunidad y fueron entregadas 16 viviendas en La Restinga, 10 en El Tirano y 7 en El Cercado. Remodelación del sector El Indio, de La Arestinga, que entonces tenía 140 habitantes.

Lucha por la erradicación del rancho mediante la facilitación de ayudas económicas para mejorar las viviendas.

Telefonía. Con CANTV se trabajó para mejorar el servicio telefónico en Pampatar.

Agua potable. Acueductos de El Valle del Espíritu Santo, Las Piedras de El Valle, Los Robles, Los Cerritos, Atamo, Tacarigua, San Sebastián, Santa Ana del Norte, La Vecindad, mejoras en el sector La Playa de Pedrogonzález, aducción en Blanco Lugar, Altagracia. Ampliación del acueducto de Pampatar-Los Robles.

A fin de facilitar el reparto de agua en camiones, se construyeron 24 pilas en El

Guamache de Punta de Piedras, Santa María, Punta de Mangle, Palo Verde, Las Cuicas, Las Casitas, Arapano, Sabana de Guacuco, Los Vásquez, El Salado, Llano Adentro (Porlamar), Manzanillo y Tacarigua.

El INOS construye los acueductos de Porlamar y Las Piedras de Juangriego y se anuncia el inicio del de Macho Muerto; dique de San Juan Bautista, obra ésta de vital importancia porque al realizarla se pueden acometer los trabajos de los acueductos de La Guardia y Punta de Piedras.

Anunció el acueducto de la Isla de Coche, coordinado con el INOS y la Gobernación.

Con la Dirección de Acueductos Rurales concretó la construcción del acueducto de San Pedro de Coche, EL fichar, Güinima, El Amparo y El Guamache, a ser ejecutado en el siguiente ejercicio fiscal.

-De esta forma –aseveró- la Isla de Coche dejará de ser un lugar seco y estéril para convertirse en tierra fresca y generosa por el influjo milagroso del agua.

Vialidad. El Puente de La Arestinga y la carretera de Boca del Río incorporaron a la Península a la línea social, cultural, turística y comercial generando grandes beneficios. Carretera El Guamache de Punta de Piedras. Embarcadero de La Restinga. Carreteras Las Barrancas-La Guardia, San Antonio; San Juan

Bautista- Caserío Marcano-Las Barrancas (en construcción); carretera El Maco-Boquerón, La Gloria-El Valle del Espíritu Santo; caminos de penetración Guatamare-La Guardia, La Fuente-Guarame: carreteras de Tacarigua, San Sebastián, Santa Ana del Norte, El Cercado-El Maco; Santa Ana del Norte-Altagracia en coordinación con el Ministerio de Obras Públicas; Valle del Espíritu Santo, Juangriego-Los Millanes.

Igualmente, Plazas públicas de Conejeros, Boca de Pozo y Güinima. Parque infantil del sector Valparaíso de Juangriego.

Puso en práctica un plan para garantizar la energía eléctrica a San Juan Bautista, El Tuey, Boquerón, Los Fermines, Fuentidueño, Punta Cují, Caserío Marcano, Las Barrancas, El Espinal y La Guardia. Remodelación del servicio eléctrico de Boca del Río. Electrificación de las poblaciones de San Antonio, Los Bagres, Punta de Piedras, El Guamache y Las Casitas de El Guamache.

Educación. Adquisición del terreno para construir la Escuela Luis Navarro Rivas de La Fuente. Escuela de Punta de Piedras. Escuelas unitarias de Macho Muerto, Palguarime, Cruz Grande y El Cardón. Amplió y mejoró la Escuela de Artes Plásticas. Remodeló la casa destinada al funcionamiento del Instituto de Comercio Juan Bautista Arismendi, La Asunción.

Salud. Amplió la Casa Geriátrica Monseñor Rafael Arias Blanco, de Juangriego. Construcción de los dispensarios de Robledal, Güinima y Las Hernández. Medicatura Rural de Macho Muerto. Construcción de viviendas médicas en Los Millanes, Tacarigua y Altagracia. Proyecto de la nueva medicatura de San Pedro de Coche.

Antonio González Carbuccia

No pude acceder a datos sobre su profesión. Se posesionó del cargo el 24 de abril de 1964 y cesó en sus funciones el 12 de diciembre del mismo año.

ACTA DE TRANSMISIÓN DEL PODER EJECUTIVO

En la ciudad de La Asunción, Capital del Estado Nueva Esparta a las cinco hora postmerídiem del día veinticuatro de abril de mil novecientos sesenta y cuatro, Año ciento cincuenta y cinco de la Independencia y ciento seis de la Federación, reunidos en el Despacho Ejecutivo los ciudadanos Antonio González Carbuccia, nombrado Gobernador del Estado Nueva Esparta según Decreto N° 7 del ciudadano Presidente Constitucional de la República, y el ciudadano Ramón Borra Gómez, Gobernador en ejercicio, con el objeto de verificar la transmisión legal del Poder que hará el segundo de los nombrados en la persona del primero, se procedió al efecto con asistencia de diversos funcionarios y otros varios ciudadanos. Habiéndose llenado las formalidades con los trámites requeridos, se levantó la presente acta que firman:

Antonio González Carbuccia. – Ramón Borra Gómez. – Ismael Leblanc Silva. – Régulo

Millán Boada. – Ángel Fco. Oliveros. – Max Rojas Vásquez. – Jesús R. Noriega G.- Henrique Hopkins Alvares. – José I. Gómez. – Cruz C. Vásquez. – Sigue otras firmas ilegibles.

Antonio González Carbuccia

Nombrado como he sido por el Ciudadano presidente Constitucional de la República de Venezuela, Gobernador del Estado Nueva Esparta, y habiendo prestado el juramento de Ley,
N° 1 Decreto:
Art. 1°. - Me declaro en ejercicio de la Gobernación del Estado Nueva Esparta.
Art. 2°. - Comuníquese y publíquese.
Dado, firmado y sellado en el Palacio de Gobierno del Estado Nueva Esparta, en La Asunción, a los veinticuatro días del mes de abril de mil novecientos sesenta y cuatro. - Año 155° de la Independencia y 106° de la Federación.
(L.S.)
Antonio González Carbuccia

Resumen de gestión

El 1° de octubre creó las escuelas unitarias 121 (Atamo), 122 (Las Piedras de Juangriego), 123 y 124 (La Cruz Grande). Igualmente procedió al traslado de la escuela estadal N° 39 del caserío Orinoco a Chacachacare y creó la Escuela de Capacitación Femenina de Porlamar con curso de Corte, Costura, Labores, Cocina, Repostería y Dulcería Criolla

El 10 del mismo mes inauguró la capilla de La Rinconada en La Otra Banda y el dispensario de Aricagua. El día siguiente puso en funcionamiento el camino de penetración a Laguna de Raya y Chacachacare, el matadero y la capilla del cementerio de La Asunción y la electrificación de Guayacancito, y el 16 creó la Escuela Unitaria N° 125 de El Tuey.

VICENTE GAMBOA MARCANO

Político. Tomó posesión del cargo el 12 de diciembre de 1964 y lo entregó a su sucesor el 3 de enero de mil novecientos sesenta y seis.

ACTA DE TRANSMISIÓN DEL PODER EJECUTIVO

En la ciudad de La Asunción, Capital del Estado Nueva Esparta, a las doce meridiem del día doce de diciembre de mil novecientos sesenta y cuatro, reunidos en el Despacho Ejecutivo el ciudadano Vicente Gamboa Marcano, nombrado Gobernador del Estado Nueva Esparta, según Decreto N° 217 del ciudadano Presidente Constitucional de la República y el ciudadano Dr. Ángel Francisco Oliveros, en su carácter de Encargado de la Gobernación del Estado, por ausencia del titular, ciudadano Antonio González Carbuccia, con el objeto de verificar la transmisión legal del Poder que le corresponde hacer al segundo de los nombrados en la persona del primero, se procedió al efecto con asistencia de varios funcionarios públicos y diversos ciudadanos. Habiéndose llenado las formalidades con los trámites requeridos, se levantó la presente acta que firman:

Vicente Gamboa Marcano, Ángel Fco. Oliveros, H. Hopkins Alvares, Ismael Leblanc

Silva, Marianita de Gamboa, N. Mata Moreno, Fr. Agustín Ma. Costa, Ramón Borra Gómez, Virginia de Gamboa, Eloy Rodríguez Campos, José I. Gómez, Luis Márquez S. Varias firmas ilegibles.

Vicente Gamboa Marcano
Gobernador del Estado Nueva Esparta

Nombrado como he sido por el ciudadano presidente Constitucional de la República de Venezuela, Gobernador del Estado Nueva Esparta, y habiendo prestado el juramento de Ley,
N° 1 Decreto:
Art. 1°. - Me declaro en ejercicio de la Gobernación del Estado Nueva Esparta.
Art. 2°. - Comuníquese y publíquese.
Dado, firmado y sellado en el Palacio de Gobierno del Estado Nueva Esparta, en La Asunción, a los doce días del mes de diciembre de 1964. Año 155° de la Independencia y 106° de la Federación.
Vicente Gamboa Marcano

Resumen de gestión

El 25 de enero de 1965 le puso el ejecútese a la Ley de Reforma Parcial de la Ley Orgánica del Poder Municipal decretada por la

Asamblea Legislativa el 13 de ese mismo mes y año.

El 2 de julio decretó la construcción de un balneario y mirador en la playa de Guacuco y un balneario en Playa El Agua.

En 1966, por Decreto N° 40 del 25 de junio, instituyó un premio anual para adjudicarlo al periodista o al órgano de periodístico escrito o hablado que el jurado designado al efecto lo declara merecedor. Dicho premio consistió en mil bolívares y una medalla de oro con la efigie de Francisco Fajardo y Diploma. Fue creado por considerar un del Estado "estimular la labor periodística que realizan los trabajadores de la prensa, la radio y la televisión en pro del desarrollo económico, social y cultural de los pueblos".

El 1 de octubre creó las escuelas estadales graduadas de El Bichar y El Guamache (Coche) y Las Piedras (Marcano), a las que asigna los nombres de Felipa Neri de Narváez, Mérita Marín y Francisco Salazar Sabino, respectivamente; decretó la ejecución de los trabajos de reparación y ampliación de los locales de funcionamiento de las escuelas de La Isleta, Macho Muerto, San Francisco de Macanao, Robledal, Paraguachí, Boca del Río, El Salado, Artes Plásticas y Colegio Nuestra Señora del Valle (3 dc octubre), la ejecución de los trabajos de ampliación de los acueductos de Boca del Río y El Manglillo y el acondicionamiento del local de funcionamiento de la planta eléctrica de San Juan Bautista para mercado (14 de octubre); los trabajos de mejoras y ampliación de los dispensarios de El Tuey, Carapacho, Laguna de Raya y El Guamache (Tubores) y las medicaturas de Punta de Piedras, La Guardia y Boca del Río (21 de octubre); adjudicó en usufructo 15 pequeñas viviendas a igual número de familias de los distritos Arismendi, Díaz, Marcano y Mariño (26 de octubre) y 33 a familias de Los Cocos y La Arestinga (27 de octubre).

José Luis Mattei

Político. Asumió el cargo el 3 de enero de 1966 y lo entregó a su sucesor el 18 de marzo de 1967.

ACTA DE TRANSMISIÓN DEL PODER EJECUTIVO

"En la ciudad de La Asunción, capital del Estado Nueva Esparta, a las once y treinta ante meridiem del día 3 de enero de mil novecientos sesenta y seis, reunidos en el Despacho Ejecutivo el ciudadano José Luis Mattei, nombrado Gobernador del Estado Nueva Esparta, según Decreto N° 464 del ciudadano Presidente de la República y el ciudadano Vicente Gamboa Marcano, Gobernador en ejercicio, con objeto de verificar la transmisión legal del Poder que le corresponde hacer el segundo de los nombrados en la persona del primero, se procedió al efecto con asistencia de varios funcionarios públicos y diversos ciudadanos. Habiéndose llenado las formalidades con los trámites requeridos, se levanta la presente acta que firman: José Luis Mattei, Vicente Gamboa Marcano, Baltasar López Ulloa, José Asunción Hernández, Olga de Mattei, Marianita de Gamboa, Antonio Reina Antoni, Luis Augusto

Dubuc, José González Navarro, José I. Gómez, L. Quijada Rojas".

José Luis Mattei
Gobernador del Estado Nueva
Esparta

Nombrado como he sido por el ciudadano presidente Constitucional de Venezuela, Gobernador del Estado Nueva Esparta, y habiendo prestado el juramento de Ley,
N° 1 Decreto:
Art. 1°. - Me declaro en ejercicio de la Gobernación del Estado Nueva Esparta.
Art. 2°. - Comuníquese y publíquese.
Dado, firmado y sellado en el Palacio de Gobierno del Estado Nueva Esparta, en La Asunción, a los tres días del mes de enero de mil novecientos sesenta y seis. - Año 156° de la Independencia y 107° de la Federación.
(L.S.)
José Luis Mattei

Resumen de gestión

El 29 de abril de 1966 decretó la creación de una Escuela de Labores en San Sebastián y el 1 de noviembre de declaró Semana del Folklore Margariteña la segunda correspondiente al mes de diciembre de cada año.

Durante su gestión fueron construidas 16.327 metros lineales de brocales y aceras y14.449 metros cuadrados de asfaltado para las poblaciones de Porlamar, Pampatar y Juangriego.

De igual modo, tramos de líneas telefónicas para Boquerón, San Juan Bautista, Los Millanes, La Vecindad, Altagracia, El Valle de Pedrogonzález, La Playa, Los Gómez y Boca del Río, juntamente con la CANTV. Igualmente, los tramos de las poblaciones de Manzanillo, Antolín del Campo y La Asunción.

Julio Villarroel

Profesor de educación secundaria. Permaneció en el cargo desde el 18 de marzo de 1967 hasta el 11 de mayo de 1968.

ACTA DE TRANSMISIÓN DEL PODER EJECUTIVO

"En La Asunción, Capital del Estado Nueva Esparta, a las once y cinco ante meridiem del día dieciocho de marzo de mil novecientos sesenta y siete, reunidos en el Despacho Ejecutivo el ciudadano Profesor Julio Villarroel, nombrado Gobernador del Estado Nueva Esparta, según Decreto N° 781 del Ciudadano Presidente Constitucional de la República, y el ciudadano José Luis Mattei, Gobernador en ejercicio, con objeto de verificar la transmisión legal del Poder que le corresponde hacer el segundo de los nombrados en la persona del primero, se procedió al efecto con asistencia de varios funcionarios públicos y diversos ciudadanos.

Habiéndose llenado las formalidades con los trámites requeridos, se levanta la presente acta que firman: Profesor Julio Villarroel, José Luis Mattei, José Francisco Silva Cedeño, José Asunción Hernández, Ángel Francisco Oliveros, Fray Agustín Ma. Costa.

O.C., Pbro. Alicio García, Ennodio Ramos y otras firmas ilegibles".

Julio Villarroel

Nombrado como he sido por el ciudadano presidente Constitucional de la República de Venezuela, Gobernador del Estado Nueva Esparta, y habiendo prestado el juramento de Ley,
N° 1 Decreto:
Art. 1°. - Me declaro en ejercicio de la Gobernación del Estado Nueva Esparta.
Art. 2°. - Comuníquese y publíquese.
Dado, firmado y sellado en el Palacio de Gobierno del Estado Nueva Esparta, en La Asunción, a los dieciocho días del mes de marzo de mil novecientos sesenta y siete. - Año 157° de la Independencia y 109° de la Federación.
(L.S.)

Julio Villarroel

Resumen de gestión

El 2 de mayo de 1967 declaró día festivo el 4 de mayo, fecha en la cual el presidente de la República, Raúl Leoni, visitó a Margarita para inaugurar, en Juangriego, el Liceo Juan de Castellanos.

En la misma fecha decretó la construcción de la plaza Juan Bautista Arismendi en La Asunción.

El 15 de junio, por Decreto N° 12, creó el Premio Anual de periodismo Batalla de Matasiete para ser otorgado al periodista o al órgano periodístico escrito o hablado que el jurado designado al efecto lo declara merecedor. El premio en metálico era de dos mil bolívares y Diploma y tenía como objeto enaltecer la labor periodística que en pro del desarrollo económico, social y cultural de la región realizaran los trabajadores de la prensa.

Ese mismo día, por Decreto N° 10 creó la Colección Matasiete, compuesta por obras inéditas sobre la cultura, arte, costumbre e historia margariteña. El decreto ordenó la edición de las obras N° 1 y 2 constituidas por Visión Documental de Margarita, de Manuel Pinto C. y Poesía Margariteña, de Efraín Subero.

El 21 de julio decretó la construcción de la Casa de la Cultura de La Asunción.

El 28 de julio decretó como día de júbilo el 31 de ese mes, con motivo de la visita realizada a Margarita por el presidente de la República, Raúl Leoni, para promulgar el Reglamento de la Zona Franca y estar presente en los actos conmemorativos del sesquicentenario de la Batalla de Matasiete.

El 12 de enero de 1968 creó una escuela concentrada en Las Hernández y otras graduadas en el Caserío Guerra.

Enrique Carrasquero

Abogado. Desempeñó el cargo desde el 11 de mayo de 1968 hasta el 7 de febrero de 1969.

ACTA DE TRANSMISIÓN DEL PODER EJECUTIVO

En la ciudad de La Asunción, Capital del Estado Nueva Esparta... del día once de mayo de mil novecientos sesenta y ocho, reunidos en el Despacho Ejecutivo el ciudadano Dr. Enrique Carrasquero, nombrado Gobernador del Estado Nueva Esparta, según Decreto N° 1.116 del ciudadano Presidente Constitucional de la República, y el ciudadano Profesor José Asunción Hernández, Gobernador Encargado, en ejercicio, con el objeto de verificar la transmisión legal del poder que le corresponde hacer al segundo de los nombrados en la persona del primero, se procedió al efecto con asistencia de varios funcionarios públicos y diversos ciudadanos. Habiéndose llenado las formalidades con los trámites requeridos, se levanta la presente Acta que firman:

Enrique Carrasquero, José Asunción Hernández, Ángel Fco. Oliveros, Antonio Reina Antoni, Miguel Ángel Yellice Sanchís, Guillermo Salazar Meneses, Andrés Eloy Bermúdez, José de la Cruz Gamero, Andrés

Ricardo León M., Francisco Marcano Reyes, Lorenzo C. Ramos Díaz, Régulo Millán Boada, José Inocente Gómez.

Enrique Carrasquero

Nombrado como he sido por el ciudadano presidente Constitucional de la República de Venezuela, Gobernador del Estado Nueva Esparta, y habiendo prestado el juramento de Ley,
N° 1 Decreto:
Art. 1°. - Me declaro en ejercicio de la Gobernación del Estado Nueva Esparta.
Art. 2°. Comuníquese y publíquese.
Dado, firmado y sellado en el Palacio de Gobierno del Estado Nueva Esparta, en La Asunción, a los once días del mes de mayo de mil novecientos sesenta y ocho. - Año 159° de la Independencia y 110° de la Federación.
(L.S.)
Enrique Carrasquero R.

Resumen de gestión

En 1968 ejecutó los siguientes actos:
<u>Julio</u>
El 9 adjudicó en usufructo y de manera gratuita 58 viviendas en La Sierra.

El 15 decretó la electrificación de Boca del Río, Guayacancito, El Manglillo, Robledal y San Francisco de Macanao.

El 26 designó con el nombre de Plaza de la Juventud la que para ese año construyó el Ejecutivo Regional en La Asunción y encargó a la Escuela de Artes Plásticas y Aplicadas el proyecto y ejecución de una alegoría alusiva a la juventud para ser colocada oportunamente en el sitio conveniente de dicha plaza.

También decretó la ubicación en el terreno adquirido por el Estado frente al parque Luisa Cáceres de Arismendi la plaza Arismendi.

El 29 año adjudicó en usufructo 25 pequeñas viviendas construidas en Manzanillo a igual número de familias.

Septiembre

El 17 creó el Comité Regional de la Reforma Agraria del Estado Nueva Esparta, para "estudiar, planificar y solucionar los problemas agrícolas regionales".

Octubre

El 23 creó el Salón Anual de Arte "Luisa Cáceres de Arismendi", para organizar exposiciones de Pintura, Escultura, Artes Aplicadas y Artesanales margariteñas durante la primera quincena del mes de noviembre de cada año.

Se instituyó el Premio Gobernador del Estado consistente en Diploma y Medalla de

Oro para la mejor obra que se presentara en dichas exposiciones.

<u>Diciembre</u>

El 16 le puso el ejecútese a la nueva Constitución del Estado Nueva Esparta.

El 30 le puso el ejecútese a la Ley de Reforma Parcial de la Ley Orgánica del Poder Municipal.

Y el 21 de enero de 1969 decretó el Reglamento de la Ley que Crea el Instituto para el Desarrollo Integral del Turismo del Estado Nueva Esparta (INTUR).

José Asunción Hernández

Profesor de educación secundaria. Se desempeñó como gobernador encargado desde el 7 de febrero hasta el 15 de marzo de 1969.

ACTA DE TRANSMISIÓN DEL PODER EJECUTIVO

"En la ciudad de La Asunción, capital del Estado Nueva Esparta, a las once ante meridiem del día siete de febrero de mil novecientos sesenta y nueve, reunidos en el Despacho Ejecutivo el ciudadano Profesor José Asunción Hernández M., nombrado Gobernador Encargado del Estado Nueva Esparta, según Decreto N° 1.306, del ciudadano Presidente Constitucional de la República y el ciudadano Pedro López Serra, Gobernador Encargado en ejercicio, con objeto de verificar la transmisión legal del poder que le corresponde hacer al segundo de los nombrados en la persona del primero, se procedió al efecto con asistencia de varios funcionarios públicos y diversos ciudadanos. Habiéndose llenado las formalidades con los

trámites requeridos, se levanta la presente Acta que firman:
José Asunción Hernández. - Pedro López Serra. - Régulo Marín Boada. - Héctor Quijada Marín. - Juan Rosas. - Rosana Marcano Lárez. - Celia Narváez. - Sonia Narváez Silva. - Omayra de Velásquez y otras más".

José Asunción Hernández

Nombrado como he sido por el ciudadano presidente Constitucional de la República de Venezuela, Gobernador Encargado del Estado Nueva Esparta, y habiendo prestado el juramento de Ley,
N° 1 Decreto:
Art. 1°. - Me declaro en ejercicio de la Gobernación del Estado Nueva Esparta.
Art. 2°. - Comuníquese y publíquese.
Dado, firmado y sellado en el Palacio de Gobierno del Estado Nueva Esparta, en La Asunción, a los siete días del mes de febrero de mil novecientos sesenta y nueve. - Año 159° de la Independencia y 110° de la Federación.
(L.S.)
José Asunción Hernández

Resumen de gestión

El 10 de febrero creó las escuelas concentradas N° 20 en Campiare y N° 21 en La Isleta.

El 6 de marzo hizo entrega de 56 viviendas populares a igual número de familias y puso en funcionamiento el Centro Histórico del Estado Nueva Esparta, al que atribuyó la dictación de conferencias de temas libres, trabajos de campo y gabinete y la publicación de una revista mensual para la divulgación de las actividades de este.

Alejandro Hernández

Empresario. Se desempeñó desde el 15 de marzo de 1969 hasta el 4 de junio de 1970.

ACTA DE TRANSMISIÓN DEL PODER EJECUTIVO

"En la ciudad de La Asunción, Capital del Estado Nueva Esparta, a las doce meridiem del día 15 de marzo de mil novecientos sesenta y nueve, reunidos en el Despacho Ejecutivo el ciudadano Alejandro Hernández, nombrado Gobernador del Estado Nueva Esparta, según Decreto N° 5 del ciudadano Presidente Constitucional de la República, y el ciudadano José Asunción Hernández M., Gobernador en ejercicio, con objeto de verificar la transmisión legal del Poder que le corresponde hacer al segundo de los nombrados en la persona del primero, se procedió al efecto con asistencia de varios funcionarios públicos y diversos ciudadanos. Habiéndose llenado las formalidades con los trámites requeridos, se levanta la presente acta que firman:

Alejandro Hernández. - José Asunción Hernández. - Lolita de Hernández. - Héctor Quijada Marín. - Juan Rosas. - Celia Narváez. - Omayra de Velásquez. - Sonia Narváez. - Violeta Hernández".

Alejandro Hernández
Gobernador del Estado Nueva Esparta

Nombrado como he sido por el ciudadano presidente de la República de Venezuela, Gobernador del Estado Nueva Esparta, y habiendo prestado el juramento de Ley,

N° 1 Decreto:

Art. 1°. - Me declaro en ejercicio de la Gobernación del Estado Nueva Esparta.

Art. 2°. - Comuníquese y publíquese.

Dado, firmado y sellado en el Palacio de Gobierno del Estado Nueva Esparta, en La Asunción a los quince días del mes de marzo de mil novecientos sesenta y nueve. - Año 159° de la Independencia y 111° de la Federación. (L.S.)

Alejandro Hernández

Resumen de gestión

1969

El 21 de marzo decretó la unificación del pago de la tarifa residencial de energía eléctrica al canon base de veinte céntimos por kilovatio en toda la región insular.

El 9 de abril le puso el ejecútese a la Ley de Contraloría del Estado.

El 9 de junio le puso el ejecútese a la Ley de Reforma parcial de la Ley que crea el Instituto para el Desarrollo Integral del Turismo en el Estado Nueva Esparta y creó la Oficina de Coordinación y Desarrollo del Estado Nueva Esparta.

1970

El 13 de febrero decretó la ejecución de los estudios y proyectos necesarios para la construcción del acueducto de Los Gómez.

En marzo creó la Corporación para el Desarrollo de la Isla de Coche y la Comisión de Licitación del Estado Nueva Esparta y decretó la ejecución de la carretera La Guardia-Balneario La Restinga y la autopista Porlamar-Pampatar.

En abril le puso el ejecútese a la Ley de Procuraduría y a la Ley de Reforma Parcial de la Ley Orgánica del Poder Municipal y decretó la ejecución inmediata de los estudios y proyectos necesarios para la construcción del acueducto de El Cercado.

Bernardo Acosta

Profesor de educación secundaria. Desempeñó las funciones inherentes al cargo desde el 4 de junio de 1970 hasta el 14 de noviembre de 1973.

ACTA DE TRANSMISIÓN DEL PODER EJECUTIVO

En la ciudad de La Asunción, Capital del Estado Nueva Esparta, a las 6:00 P.M. del día 4 de junio de 1970. Reunidos en el Despacho Ejecutivo los ciudadanos Bernardo Acosta, nombrado Gobernador del Estado Nueva Esparta según Decreto N° 307 del ciudadano presidente de la República y el ciudadano Félix Villarroel Carrera, Gobernador Encargado en ejercicio, con el objeto de verificar la transmisión del Poder que hará el segundo de los nombrados en la persona del primero, se procedió al efecto con asistencia de diversos funcionarios y varios ciudadanos. Habiéndose llenado las formalidades con los trámites requeridos, se levanta la presente Acta que firman:

Bernardo Acosta, Félix Villarroel Carrera, Luis Márquez Sevillano, Dr. Manuel

Sánchez Abraham, Sonia Narváez, Omaira de Velásquez y siguen otras firmas más.

Bernardo Acosta

Nombrado como he sido por el ciudadano presidente Constitucional de la República de Venezuela, Gobernador del Estado Nueva Esparta, y habiendo prestado el juramento de Ley.
N° 1 Decreto:
Art. 1°. - Me declaro en ejercicio de la Gobernación del Estado Nueva Esparta.
Art. 2°. - Comuníquese y publíquese.
Dado, firmado y sellado en el Palacio de Gobierno del Estado Nueva Esparta, en La Asunción, a los cuatro días del mes de junio de mil novecientos setenta. - Año 161° de la Independencia y 112° de la Federación.
(L.S.)

Bernardo Acosta

Resumen de gestión

1970

El 9 de noviembre, por Decreto 51, acordó la creación del Consejo Neoespartano de la Cultura, para actuar "con carácter ad-honorem y asesorar al Ejecutivo regional". Fue adscrito a la Secretaría de Educación y estuvo integrada por Julio Villarroel, Jesús Manuel Subero, José Rosa Acosta, Luis Márquez Sevillano, Carmen Emilia Lárez, José Asunción Hernández, Luis Beltrán Fernández Mago, Rosauro Rosa Acosta, José Joaquín Salazar Franco y monseñor Dr. Francisco de Guruceaga Iturriza.

1971

El 29 de abril, por Decreto 107, ordenó dotar y organizar para la entrada en funcionamiento de la Casa de la Cultura de La Asunción.

1972

En junio, por Decretos 240, acordó la construcción de una Colonia Vacacional para los pequeños de la Fundación Festival del Niño, a construirse en terrenos del Ejecutivo regional en Pampatar y 245 designó una comisión formada por José Rosa Acosta, Julio Villarroel, Isidro Marcelino Alfonzo, José Rafael Fuentes, Salvador Villalba C., Jesús Manuel Subero, Arístides Alfonzo, Juan Guglielmi y José Luis Palazon para estudiar los trámites y condiciones necesarias a objeto de adquirir el terreno donde existió la casa natal del general en Jefe Santiago Mariño en El Valle del Espíritu Santo.

Es justo señalar que durante el ejercicio de sus funciones construyó la sede del Colegio Nacional de Periodistas.

LUIS MÁRQUEZ SEVILLANO

Empresario. Se desempeñó desde el 14 de noviembre de 1973 hasta el 13 de marzo de 1974

DECRETO DE TOMA DE POSESIÓN

Luis Márquez Sevillano.
Nombrado como he sido por el ciudadano presidente Constitucional de la República de Venezuela, Gobernador del Estado Nueva Esparta, y habiendo prestado el Juramento de Ley,
N° 1 Decreto:
Art. 1°. - Me declaro en ejercicio de la Gobernación del Estado Nueva Esparta.
Art. 2°. - Comuníquese y publíquese.
Dado, firmado y sellado en el Palacio de Gobierno del Estado Nueva Esparta, en La Asunción, a los catorce días del mes de noviembre de mil novecientos sesenta y tres. - Año 164° de la Independencia y 115° de la Federación.
(L.S.)

Luis Márquez Sevillano

Resumen de gestión

El 24 de enero de 1964 decretó el Reglamento Parcial de la Ley de Carrera Administrativa.

El 12 de febrero del mismo año inauguró la Casa de la Cultura de Tacarigua, a la que el día anterior había honrado con el nombre de "Poeta Pedro Rivero".

Virgilio Ávila Vivas

Abogado. Desempeñó la Gobernación desde el 13 de marzo de 1974 hasta el 14 de octubre de 1977.

DECRETO DE TOMA DE POSESIÓN

Dr. Virgilio Ávila Vivas
Gobernador del Estado Nueva Esparta

Nombrado como he sido por el ciudadano presidente de la República Gobernador del Estado Nueva Esparta, y habiendo prestado el juramento de Ley.
N° 1 Decreto:
Art. 1°. - Me declaro en ejercicio de la Gobernación del Estado Nueva Esparta.
Art. 2°. - Comuníquese y publíquese.
Dado, firmado y sellado en el Palacio de Gobierno del Estado Nueva Esparta, en la ciudad de La Asunción, a los trece días del mes de marzo de mil novecientos setenta y cuatro. - Año 164° de la Independencia y 116° de la Federación.
(L.S.)

Dr. Virgilio Ávila Vivas

Resumen de gestión

1974

El 17 de abril, por Decreto 20, prohibió terminantemente sacar de Margarita todo tipo de árbol o arbusto.

El 6 de junio, por Decreto 44, creó la Escuela de Folklore, Teatro y Títeres de Nueva Esparta.

El 16 de agosto creó, por Decreto 76, la Oficina de Reforestación y Prevención de la contaminación y el 29 del mismo mes la Escuela de Capacitación Hotelera "en virtud de la necesidad de formar técnicos capacitados en el ramo hotelero, debido al auge turístico".

El 4 de septiembre nombró una comisión con carácter ad-honorem para velar por el rescate y conservación de la laguna de El Morro, en virtud de su inminente peligro de desaparecer, ocasionado por el inmenso desarrollo de la zona. Estuvo conformada por el teniente coronel Simón Figuera Pérez; los ingenieros Pedro González Nessi y Guillermo Fuentes; el teniente de bomberos Simón Flores Navas, Juan Tamiche Hernández, el doctor Frank Perret Gentil y el coronel Justiniano Ramírez.

El 6 del mismo mes hizo del conocimiento de las empresas, especialmente a los establecimientos de almacenes de venta de mercadería libre de impuesto (Zona Franca), la obligación en que están de permanecer cerrados los domingos y demás días feriados, conforme al artículo 49 de la Ley del Trabajo.

Ese año también fueron puestas en funcionamiento las escuelas Doña Menca de Leoni, de Ciudad Cartón, y Leonardo Ruiz Pineda, de Los Cocos y se crearon secciones para jardines de infancia en planteles de Robledal, Ciudad Cartón y Los Cocos. Igualmente fue construido el auditorio del Liceo Dr. Francisco Antonio Rísquez de La Asunción.

1975

El 28 de abril, por Decreto 220, creó el Transporte Turístico de las Islas "para contribuir a solventar las deficiencias actuales del transporte colectivo que padecen nuestros pueblos".

El 14 de mayo creó el Instituto de Formación Audiovisual (Fotografía y Cine).

El 18 de junio creó la Clínica de Prevención del Cáncer.

El 10 de julio, por Decreto 248, procedió al traspaso de la vigilancia, cuidado, mantenimiento y administración del Mercado de Mayoristas de Porlamar al Concejo Municipal del Distrito Mariño.

El 15 del mismo mes, por Decreto 249, prohibió terminantemente en todo el territorio regional el uso de denominaciones comerciales y marcas de productos elaborados dentro de la jurisdicción en idiomas extranjeros, estableciendo un plazo de 60 días no prorrogables a partir de esa fecha, para que aquellos establecimientos incursos en esta prohibición procedieran al cambio de las respectivas denominaciones.

Consideró el gobernador, "que nuestro idioma oficial ha venido sufriendo un lamentable deterioro e inaudita subestimación mediante el uso y abuso de idiomas extranjeros, especialmente en el campo comercial y en particular en la denominación de establecimientos mercantiles", añadiendo que "Nuestra Magna Carta consagra como oficial el idioma español", y era su deber el de "velar por el mantenimiento y fortalecimiento de nuestro patrimonio cultural y moral".

El 15 de octubre, por Decreto N° 300, estableció una sanción de 72 horas de arresto "para las personas que en abierta violación a las disposiciones legales pertinentes sean sorprendidas conduciendo vehículos automotores en estado de ebriedad o incurriendo en actos imprudentes que pongan en peligro la vida de los ciudadanos".

La medida fue adoptada "en virtud de que en los últimos días se ha venido agravando considerablemente la problemática del tránsito automotor con saldo de numerosos y graves accidentes de fatales consecuencias evidenciando como causa fundamental de los mismos la imprudencia y consumo de bebidas embriagantes por parte de los responsables de dichos accidentes".

El 27 del mismo mes, por Decreto 305, creó en San Juan Bautista el Taller Escuela de Joyería, Tapices y Alfombras

El 3 de noviembre, por Decreto N° 309, creó la Biblioteca Dr. Efraín Subero.

Ese año igualmente fue construida una escuela en La Mira y se produjo la ampliación de la Escuela de Niños Excepcionales Isabelita de Villarroel y la Escuela Luisa Cáceres de Arismendi, de La Asunción, y el Liceo Ángel Noriega Pérez, de Pampatar, creado en 1971.

De igual modo, con el Concejo Municipal de Gómez amplió el Grupo Escolar de El Valle de Pedrogonzález, y con el Ministerio de Desarrollo Urbano el ciclo unificado de Porlamar y los ciclos básicos de Santa Ana del Norte, Los Robles y San Pedro de Coche.

1976

Ese año fueron construidos el edificio administrativo de la Escuela Técnica Pesquera de Punta de Piedras, de tres plantas y una capacidad de 1.500 alumnos y el Liceo Rómulo Gallegos de Porlamar y concentradas cuatro escuelas en Las Casitas de La Otrabanda, La Isleta, Caserío Fajardo y La Cruz del Pastel. Igualmente, fue graduada la escuela concentrada N° 20 de Campiare, a la que se designó con el nombre de la insigne educadora margariteña Luisa Rosa de Velásquez.
El 8 de enero, por Decreto 340, creó la Fundación Museo de Arte de Margarita.

El 24 de marzo, por Decreto 373, honró con el nombre del general Juan Bautista Arismendi la Avenida Intercomunal Porlamar-Punta de Piedras.

Creó la Corporación para la Planificación del Desarrollo del Estado Nueva Esparta (el 29 de abril fue decretada la ley respectiva y el 26 de mayo se le puso el Ejecútese. Se puso en funcionamiento el Instituto de Crédito Educativo del Estado Nueva Esparta (ICEDENE) (decretada por la Asamblea Legislativa el 26 de mayo.

El 20 de abril emitió el Decreto 383 que prohibió "dentro de los límites de la Franja Nacional, la construcción de edificaciones de cualquier tipo, muy especialmente las destinadas al expendio de bebidas y/o comestibles, ya sea en forma permanente o provisional", debido "a que las playas están seriamente amenazadas por el desarrollo de instalaciones, que además de no ajustarse a las normas indispensables de seguridad e higiene afectan el ambiente", y porque "Las playas constituyen fuentes naturales de salud y lugares de recreación y esparcimiento".

El 21 de abril, por Decreto 384, elevó a categoría universitaria la Escuela de Capacitación Hotelera.

El 23 de abril, por Decreto 385, designó con el nombre de Isabelita Quijada de Villarroel la Escuela para Niños Excepcionales de La Asunción.

El 15 de julio, por Decreto 602, creó el Liceo Naval Almirante Lino de Clemente con sede en Boca del Río.

El 9 de agosto, por Decreto 431, honró con el nombre de Dr. Francisco Antonio Rísquez, la Clínica de Prevención del Cáncer. Y por Decreto 432 creó la Escuela Taller de Artesanía y Cerámica de Margarita Lino Gutiérrez. Por Decreto Nº 433 señaló que "Las Oficinas Públicas con asiento en Nueva Esparta estarán en el deber de utilizar preferentemente en su ambientación las piezas de cerámica y artesanía elaboradas por artistas regionales".

El 21 de septiembre, por Decreto 634, creó la Fundación para las Artes Escénicas del Estado Nueva Esparta, con sede en Porlamar, con la finalidad de enseñar y promover este importante aspecto artístico. Como presidente designó a Alfredo Sánchez Luna (Alfredo Sadel).

El 24 de septiembre dictó el Decreto Orgánico del Cuerpo de Seguridad Pública del Estado Nueva Esparta debido a "Que el crecimiento de la población, su desarrollo económico y la evolución de las instituciones del Estado Nueva Esparta, exigen al Poder Público una proporcionada organización y modernización de los servicios que tienen por objeto mantener y garantizar el orden y la seguridad de las personas, sus bienes y sus propiedades", y porque "interesa a la colectividad, la integración de todos los servicios policiales dependientes de los distintos poderes municipales del Estado y por ello, han cedido al Poder Ejecutivo Regional esta facultad, que es necesaria para la formación de un solo Cuerpo Policial Uniformado que se caracteriza por la Unidad de Mando, Disciplina" y "Organización funcional".

El 28 de septiembre, por Decreto 642, creó la Biblioteca de Autores y Temas Neoespartanos para recoger "los trabajos de escritores, tanto nacionales como extranjeros, que hayan enfocado la realidad social, histórica, cultual y económica de este Estado".

El 6 de octubre, por Decreto 461, instituyó una Junta Administradora del Gimnasio Cubierto Br. Francisco Verde Rojas,

Durante su gestión, el 1º de abril de 1975, el presidente Carlos Andrés Pérez decretó la Ley del Puerto Libre de Margarita que dejó sin efecto el sistema de Zona Franca. Y entre las obras de mayor envergadura se cuentan el Complejo Cultural Rómulo Gallegos, el bulevar Guevara, el Museo de Arte Contemporáneo Francisco Narváez y las avenidas Juan Bautista Arismendi y 4 de Mayo.

Jesús García Espinoza

Abogado. Desempeñó el cargo desde el 14 de octubre de 1977 hasta el 15 de junio de 1978.

DECRETO DE TOMA DE POSESIÓN

Dr. Jesús García Espinoza

Nombrado como he sido por el ciudadano presidente Constitucional de la República de Venezuela, Gobernador del Estado Nueva Esparta, y habiendo prestado el juramento de Ley.
N° 1 Decreto:
Art. 1°. - Me declaro en ejercicio de la Gobernación del Estado Nueva Esparta.
Art. 2°. - Comuníquese y publíquese.
Dado, firmado y sellado en el Palacio de Gobierno del Estado Nueva, en la ciudad de La Asunción, a los catorce días del mes de octubre del mil novecientos setenta y siete. Año: 168° de la Independencia y 119° de la Federación.
(L.S.)
Dr. Jesús García Espinoza

Resumen de gestión

El 30 de diciembre de 1977 decretó la regulación de la velocidad automotor en la jurisdicción que contempló sanciones para los infractores de 72 horas de arresto e igual sanción para los que manejen en estado de ebriedad.

El 10 de abril de 1978 le puso el Ejecútese a la Ley de Jubilaciones para Servidores Públicos del Estado Nueva Esparta, decretada por la Asamblea Legislativa el 29 de marzo del mismo año 1978. Ese mismo día designó al profesor Jesús Manuel Subero Cronista de Margarita, con carácter ad-honorem.

El 8 de junio del mismo año creó la Oficina de Bienes Estadales, con el objetivo fundamental de supervisar, conservar y evaluar todos los bienes muebles e inmuebles propiedad de la Gobernación. Fue adscrita a la Secretaría de Administración.

Durante su gestión se inició la construcción de la nueva sede de la Gobernación.

José Fontúrvel Rivero

Arquitecto. Ocupó el cargo desde el 15 de junio 1978 hasta el 14 de marzo de 1979.

DECRETO DE TOMA DE PoSESIÓN

Arq° José Fontúrvel Rivero
Gobernador del Estado Nueva Esparta

Nombrado como he sido por el ciudadano presidente Constitucional de la República de Venezuela, Gobernador del Estado Nueva Esparta y habiendo prestado el juramento de Ley.
N° 1 Decreto:
Art. 1°. - Me declaro en ejercicio de la Gobernación del Estado Nueva Esparta.
Art. 2°. - Comuníquese y Publíquese.
Dado, firmado y sellado, en el Palacio de Gobierno del Estado Nueva Esparta, en la ciudad de La Asunción, a los quince días del mes de junio de mil novecientos setenta y ocho. Año: 169° de la Independencia y 120° de la Federación.

(L.S.)
Arq° José Fontúrvel Rivero

Resumen de gestión

El 28 de junio de 1978, por Decreto N° 11, modificó las bases del Premio Anual de Periodismo Batalla de Matasiete que creó un fondo de nueve mil bolívares a repartirse en las menciones Medios Impresos, Medios Audiovisuales y Opinión y estableció que el jurado estaría integrado por un representante de la Gobernación, las instituciones públicas y el Colegio Nacional de Periodistas, Seccional Nueva Esparta.

El 29 de noviembre del mismo año, mediante Decreto N° 8, puso en funcionamiento la pista de aterrizaje del aeropuerto de Coche, al que denominó "Dr. Raúl Leoni".

La construcción y puesta en funcionamiento de la capilla de Conejeros se produjo en su gobierno, así como obras de vialidad.

PEDRO LUIS BRICEÑO

Abogado Ejerció el cargo desde el 14 de marzo de 1979 hasta el 22 de agosto de 1981 cuando murió en un accidente de aviación. Se trasladaba en la avioneta Siglas YV-1397 PP desde el aeropuerto de Charallave, Estado Nueva, hasta el aeropuerto de El Yaque, Municipio Díaz, de la isla de Margarita. Ni la nave ni su cuerpo fueron hallados jamás.

DECRETO DE TOMA DE POSESIÓN

Dr. Pedro Luis Briceño
Gobernador del Estado Nueva Esparta

Nombrado como he sido por el ciudadano presidente Constitucional de la República de Venezuela, Gobernador del Estado Nueva Esparta, y habiendo prestado el juramento de Ley.
N° 1 Decreto:
Art. 1º. - Me declaro en ejercicio de la Gobernación del Estado Nueva Esparta.
Art. 2°. - Comuníquese y Publíquese.

Dado, firmado y sellado en el Palacio de Gobierno del Estado Nueva Esparta, en La Asunción, a los catorce días del mes de marzo de mil novecientos setenta y nueve. Año: 169° de la Independencia y 121° de la Federación.
(L.S.)

Dr. Pedro Luis Briceño

Resumen de gestión

1979

El 31 de julio emitió varios decretos: el N° 53 declarando de utilidad pública la construcción del Palacio de Justicia; el N° 54, conformando una Comisión de Trabajo integrada por José Ángel Borrego, Velmides Vallenilla y Luis Mundarain, que en el término de 60 días debía efectuar el estudio y el proyecto de reglamentación de la caja de ahorros de los empleados de la Gobernación; el N° 55, creando el Salón Anual de Artes Plásticas del Estado Nueva Esparta para el enaltecimiento y reconocimiento de los artistas plásticos radicados en la región insular y el N° 57 constituyendo la Biblioteca de Autores y Temas Neoespartanos compuesta por obras inédita o no sobre la Cultura, Arte, Ciencia, Historia y Tradición Margariteña.

La Biblioteca de Autores y Temas Neoespartanos estaba compuesta por obras inéditas o no sobre la Cultura, Arte, Ciencia, Historia y Tradiciones Margariteñas.

1980

El 4 de mayo, mediante Decreto N° 131, creó la Orden Cívico- Militar General de División Francisco Esteban Gómez destinada a galardonar y distinguir los méritos de aquellos ciudadanos que han realizado labor de carácter estatal que propenda al beneficio de las comunidades neoespartanas.
Dicha Orden comprendía las menciones Oro, Plata y Bronce.

El 20 de septiembre, mediante Decreto N° 148, creó una Comisión de Trabajo con carácter temporal, para el estudio de los problemas de la recolección y disposición de los residuos sólidos en el Estado Nueva Esparta y la factibilidad de la creación de un Ente con estos propósitos y fines.

Esta comisión estuvo constituida por los presidentes y vicepresidentes de los concejos municipales de los distritos Arismendi, Mariño y Maneiro; el secretario de Política, el comisionado del gobernador para Asuntos Municipales y el director de la Zona 14 del Ministerio del Ambiente y los Recursos Naturales Renovables, a quienes se les dio un plazo de 60 días para la presentación del respectivo informe.

En uno de los considerandos del citado Decreto se señaló que "el problema de la contaminación ambiental, en general, y el de la recolección y disposición final de los residuos sólidos, en particular, debe ser encarado con la debida prioridad por tratarse una materia estrechamente vinculada a la salud colectiva".

El 1 de octubre emitió el Decreto N° 153 con el propósito de "destinar la casa natal del general Juan Bautista Arismendi para uso exclusivo de la Editorial de Autores y Temas Neoespartanos".

Este histórico inmueble fue adquirido mediante Decreto N° 49 del gobernador Luis Villalba Villalba de fecha 27 de junio de 1958 y se restauró con aportaciones de familiares del prócer y la Fundación Cultural Neoespartana.

El 26 de noviembre emitió el Decreto N° 176 para obligar a los propietarios de animal vacuno, caballar, porcino, ovino y caprino a mantenerlo en sitios adecuados, tales como establos, corrales o potreros.

El artículo 2 del citado instrumento legal advirtió que "Todo animal realengo será recogido y confinado en lugares adecuados, concediéndosele un plazo de 72 horas a los dueños para su recuperación y traslado, previo pago de los gastos ocasionados por transporte y confinamiento, quedando además sujetos a las sanciones establecidas en el Código de Policía u Ordenanzas Municipales.

Del mismo modo, quedó derogado el artículo 2 del Decreto N° 21 para iguales fines, de fecha 30 de diciembre de 1977.

El gobernador Briceño dictó esa medida por considerar que los animales realengos "contribuyen al desmejoramiento del paisaje y al deterioro de los recursos naturales renovables" y porque los mismos "son causa de accidentes en las vías públicas".

Ese año entró en funcionamiento el jardín de infancia de Boca Río y se crearon otros en El Piache, La Guardia, Las Guevaras, Los Caracas y anexos en las escuelas Mérita Marín, Rómulo Gallegos, Felipe Neri, Raúl Leoni y la concentrada N° 31 de La Isleta. Asimismo, marchaban a ritmo acelerado los trabajos de construcción del Ciclo Básico Creación Porlamar, el grupo escolar de Güinima, el Jardín de Infancia Doñana, de Juangriego, y el liceo nocturno de La Guardia. También se construían el ciclo básico de Villa Rosa, para 1.400 alumnos, y tres jardines de infancia en la misma población.

1981

El 23 de junio, por Decreto 211, estableció la suma de tres mil bolívares y diploma para el redactor o reportero de prensa, al redactor o reportero radial y para el reportero gráfico.

Obra de su gestión fueron también la reparación de numerosas escuelas estadales, cancha en el parque Fray Elías Sendra, inicio del Gimnasio Cubierto de La Asunción; carreteras Boca del Río-San Francisco de Macano y Manzanillo-El Valle de Pedrogonzález, aceras y brocales en La Guardia y otras localidades de Margarita y Coche, acceso al sector Cantarrana de La Asunción, cancha múltiple de San Pedro de Coche, construcción de 234 soluciones habitacionales conjuntamente con el INAVI en la Urbanización Augusto Malavé Villalba, Boca del Río, y 120 apartamentos de la Urbanización La Chacalera II; construcción del estanque Porlamar I, ampliación de las redes de acueductos de Tacarigua Altagracia, El Espinal, El Cardón y La Vecindad. Creación, en conjunción con Corpomercadeo, de 19 mercados populares en Bella Vista, Manzanillo, Chacachacare y otras poblaciones.

Del mismo modo anunció que con fondos del Instituto Nacional de Hipódromos acometería el proyecto recreacional Isla Bella en los terrenos del antiguo aeropuerto de Porlamar que a su juicio sería el más importante de Venezuela y el Caribe.

Cabe señalar que dicha obra se construyó en la Urbanización Maneiro de Pampatar, constante de un parque de diversiones, canódromo y gallera monumental. Pero no en su gobierno.

Se propuso fomentar el turismo social en Coche.

En su gestión se acometió la construcción de la capilla de La Isleta, la iglesia de El Guamache, Municipio Tubores, los cementerios de Guacuco y Los Cerritos, Célula Académica de la UDO en Boca del Río, el Instituto Tecnológico del Mar, la Biblioteca Padre Montaner de Juangriego y el puente de Las Piedras de Juangriego. Además, el Estado Nueva Esparta se incorporó al Discado Directo Internacional.

Augusto Hernández Hernández

Periodista. Desempeñó el cargo desde el 28 de octubre de 1981 hasta el 3 de febrero de 1984.

DECRETO DE TOMA DE POSESIÓN

Lic. Augusto Hernández Hernández

Nombrado como he sido por el presidente Constitucional de la República, Dr. Luis Herrera Campins, Gobernador del Estado Nueva Esparta, y habiendo prestado el juramento de Ley.

N° 1 Decreto:

Art. 1°. - Me declaro en ejercicio de la Gobernación del Estado Nueva Esparta.

Art. 2°. - Comuníquese y Publíquese.

Dado, firmado y sellado, en el Palacio de Gobierno del Estado Hernández, en la Ciudad de La Asunción, a los veintiocho días del mes de octubre de mil novecientos ochenta

y uno. Año: 172° de la Independencia y 123° de la Federación.
(L.S.)
Lic. Augusto Hernández Hernández

Resumen de gestión

El 9 de noviembre de 1981 le puso el Ejecútese a la Ley Orgánica de la Administración Estatal decretada el 29 de octubre del mismo año por la Asamblea Legislativa.

El 5 de enero de 1982, mediante Decreto N° 18 prohibió la circulación de motocicletas y bicicletas desde las 8:00 p.m. hasta las 5:00 a.m.

El decreto estableció que las motocicletas tenían prohibición de circular los sábados y domingo y los días feriados. Se contempló 72 horas de arresto y retención de la motocicleta, en los siguientes términos: primera vez, 30 días; segunda vez. 60 días; tercera vez, 120 días y cuarta vez, decomiso.

Esta medida contra los motociclistas obedeció al "estado de alarma y honda preocupación pública creada por los numerosos accidentes de tránsito ocurridos últimamente en la jurisdicción, con lamentables saldos de muertos y heridos, ocasionado en su mayoría por el exceso de velocidad, imprudencia y consumo de licor por parte de los conductores de motocicletas y bicicletas".

El 10 de mayo de 1982 creó la Orden Cívico-Militar General de División Francisco Esteba Gómez por Decreto, que derogó al emitido el 4 de mayo de 1980 por el doctor Pedro Luis Briceño. El 7 de diciembre del mismo año volvió a crear esta Orden derogando el decreto del 4 de mayo.

El 13 de diciembre de 1982 le puso el Ejecútese al decreto-Ley de Estabilidad, Escalafón y Previsión Social del Magisterio del Estado Nueva del 9 del mismo mes.

El 26 de diciembre de 1983, por Decreto 162, decidió el traslado transitorio de la capital del Estado a la ciudad de Santa Ana del Norte con motivo del bicentenario del natalicio del general Francisco Esteban Gómez.

En uno de sus mensajes a la Asamblea Legislativa dio cuenta de la continuación de las carreteras de San Francisco de Macanao y La Guardia-Juangriego-Pampatar.

Asimismo, continuación de los estudios de factibilidad para la instalación de la infraestructura portuaria de los muelles pesqueros de Boca del Río y El Tirano y estaba en construcción la carretera Orinoco-Las Cuicas.

También se refirió a la reparación y construcción de nuevos locales para las escuelas de Los Gómez, Tari-Tari, Mata

Redonda, La Cruz Grande y para niños con problemas de audición y lenguaje.

Más: inicio de la primera etapa de la Escuela de El Dátil. Se ejecutaron o estaban en ejecución el Palacio Legislativo, remodelación de plaza y arreglo de calle en El Valle de Pedrogonzález, escuelas de Guatamare, Guiriguire y Guarame; aceras y brocales en diversas poblaciones, ampliación de la Casa de la Cultura Rafael Suárez, comedor en el Ciclo Básico Juan Bautista Arismendi; remodelación de la Residencia Oficial de Gobernadores. Y con el Ministerio de Transporte y Comunicaciones, trabajos de la prolongación de la avenida 4 de Mayo hasta Los Robles; avenida Buenaventura, ramal avenida Porlamar-El Valle del Espíritu Santo y carreteras Manzanillo-El Valle de Pedrogonzález y Guacuco- Guarame.

Otras obras. Puesta en funcionamiento del Dispensario de El Yaque en coordinación con el Concejo Municipal de Díaz, y la Comisionaduría de Salud; ampliación del Hospital Luis Ortega, donde se creó el Departamento de Medicina Preventiva y Social, y los dispensarios de Atamo, El Espinal y Los Gómez. Continuación del Polideportivo de Margarita e inicio del Gimnasio Cubierto de La Asunción.

En otro documento se refirió a la inauguración de la sede del Centro de

Adiestramiento de las Fuerzas Armadas de Cooperación en el sector militar del aeropuerto general en Jefe Santiago Mariño, al inicio de la reconstrucción de la sede del Destacamento 76 del mismo componente y de la activación de la nueva base aérea Luisa Cáceres de Arismendi en el mismo espacio.

Habló de la inauguración del liceo de La Guardia, kínder en la urbanización Valle Verde y Boca del Río, ciclos básicos de Paraguachí y Boca del Pozo, Liceo Luisa Cáceres de Arismendi y la Escuela para Niños con Problemas de Audición y Lenguaje, instalaciones diversas en el Instituto de Tecnología del Mar y la ampliación y remodelación de la Escuela Estatal Concentrada N° 27 y Jardín de Infancia del mismo; Escuela Graduada José Feliciano Hernández y Escuela Miguel Suniaga; instalación y/o reparación de las cercas del Ciclo Básico Gaspar Marcano, Grupo Escolar Juan Bautista Arismendi, escuelas Mérita Marín, Cesárea Díaz de Herrera, Andrés Bello y Cruz Millán García; escuelas nacionales Matasiete, José Joaquín D´León y Francisco Antonio Rísquez y escuelas básicas Vicente Marcano e Isabel la Católica.

De igual modo inauguró la Primer Bienal Nacional de Escultura Francisco Narváez y la Biblioteca Pbro. Manuel Montaner, continuó la remodelación del

Hospital Luis Ortega y la construcción de los ambulatorios de Villa Rosa y Salamanca y anunció que el Instituto Venezolano de los Seguros Sociales adelantaba la construcción del ambulatorio Tipo B en El Espinal.

En cuanto a viviendas, mediante convenio con el INAVI, dio cuenta de la construcción de 420 viviendas unifamiliares en la urbanización Las Mercedes, 146 en Carapacho, 380 en San Antonio, 68 en la urbanización San Pedro de Coche e igual número en El Bichar; 120 en la urbanización El Tamarindo, 164 en la segunda etapa de la urbanización Augusto Malavé Villalba y 9 en Punta de Piedras. En la urbanización Valle Verde inauguró 2 locales comerciales.

En materia de edificaciones de seguridad pública el documento citó el inicio de la construcción de la sede de la Prefectura de Pampatar y mejoramiento del Centro de Adiestramiento Aéreo de la Guardia Nacional y el Cuerpo Técnico de Policía Judicial.

Inicio de diversas obras de vialidad y saneamiento ambiental

JESÚS PÉREZ SALAZAR

Médico. Asumió el cargo el 3 de febrero de 1984 y lo entregó el 28 de marzo de 1985.

DECRETO DE TOMA DE POSESIÓN

Dr. Jesús Pérez Salazar
Gobernador del Estado Nueva Esparta

Nombrado como he sido por el ciudadano presidente Constitucional de la República Venezuela, Gobernador del Estado Nueva Esparta y habiendo prestado el juramento de Ley
Decreto: N° 01
Art. 1°. - Me declaro en ejercicio de la Gobernación del Estado Nueva Esparta.
Art. 2°. - Comuníquese y Publíquese.
Dado, firmado y sellado en el Palacio de Gobierno del Estado Nueva Esparta, en la ciudad de La Asunción, a los tres días del mes de febrero de mil novecientos ochenta y

cuatro. Año: 174° de la Independencia y 125° de la Federación.
(L.S.)
Dr. Jesús Pérez Salazar

Resumen de gestión

1984

Fueron concluidos el liceo de La Guardia, el grupo escolar de San Juan Bautista, la escuela para niños con problemas de audición y lenguaje y la escuela de Las Guevaras y construidos los preescolares de Manzanillo, La Lagunita y Mata redonda y el anexo a la Escuela María Elvira de Figueroa, de San Antonio.

Se crearon las menciones Artes de Fuego y Artes Gráficas en la Escuela de Artes Plásticas y Aplicadas Pedro Ángel González.

1985

En el Mensaje a la Asamblea Legislativa anunció que ese año se concluirían los ciclos básicos de Paraguachí y Boca de Pozo, el Liceo Luisa Cáceres de Arismendi, de Los Cocos, y la sede de la Universidad Nacional Abierta, La Asunción, ambulatorio tipo B de Villa Rosa, Prefectura de Pampatar, avenida Leandro de

Juangriego, avenida Constitución, Paseo Playa Zaragoza mercado de Conejeros.

Asimismo, la construcción de 25 módulos turísticos en las playas más frecuentadas de Margarita, jubilación de 26 educadores y 12 trabajadores, hecho por primera vez ocurrido en la gobernación

De igual modo, 96 viviendas unifamiliares en San Pedro de Coche, 30 en El Bichar; 116 en la urbanización San Antonio y 146 en otras partes.

Finalmente, módulos policiales en el paseo Rómulo Gallegos, Conejeros y La Cruz Grande.

Pablo Márquez

Economista. Desempeñó el cargo desde el 28 de marzo de 1985 hasta el 11 de enero de 1986.

DECRETO DE TOMA DE POSESIÓN

Dr. Pablo Márquez Gil

Nombrado como he sido por el ciudadano presidente Constitucional de la República de Venezuela Gobernador del Estado Nueva Esparta y habiendo prestado el Juramento de Ley.
N° 1 Decreto:
Art. 1°. - Me declaro en ejercicio de la Gobernación del Estado Nueva Esparta.
Art. 2°. - Comuníquese y Publíquese.
Dado, firmado y sellado en el Palacio de Gobierno del Estado Nueva Esparta, en La Asunción, a los veintiocho días del mes de marzo de mil novecientos ochenta y cinco.

Año: 175° de la Independencia y 127° de la Federación.
(L.S.)
Dr. Pablo Márquez Gil

Resumen de gestión

1985

En el Mensaje a la Asamblea Legislativa hizo referencia a los siguientes aspectos:

Obras concluidas Gobernación-Ministerio del Desarrollo Urbano: ciclos básicos de Paraguachí y Boca del Pozo; Liceo Luisa Cáceres de Arismendi, sede de la Universidad Nacional Abierta, Escuela de Música Luis Manuel Gutiérrez, reparación de la iglesia de Pampatar, Casa de la Cultura de Los Robles, prefectura de Pampatar y Mercado Municipal de Conejeros. En ejecución el mismo ministerio se encontraban el colegio San Nicolás de Bari, preescolar del Grupo Escolar Estado Zulia, ambulatorio de Villa Rosa, Gimnasio Cubierto de La Asunción, estadios de El Valle de Pedrogonzález y Juangriego; Casa Parroquial de San Pedro de Coche, iglesias de El Amparo, La Fuente, Los Cocos y Macho Muerto; bulevares de la calle Gómez de Porlamar y calle La Marina de Juangriego.

Obra concluida juntamente con el Ministerio de Transporte y Comunicaciones:

tramo carretero Achípano-Polígono del Tiro; en construcción con el Instituto Nacional de Puertos, muelle turístico de Margarita.

Además, con CORPORIENTE, infraestructura de los muelles de Boca del Pozo y Los Testigos, y con CADAFE, la remodelación eléctrica de la plaza de Boca del Pozo, avenida 4 de Mayo y bulevar Gómez. Electrificación de La Uva, El Tunal, El Maguey, El Morro y Guayacancito. Iluminación del estadio de Punta de Piedras.

Finalmente, mediante convenio con el INAVI, continuación de la construcción de viviendas en la urbanización El Tamarindo, segunda etapa de la urbanización Augusto Malavé Villalba, y tercera etapa de la urbanización Apostadero.

El 3 de octubre emitió el Decreto 35 que prohibió terminantemente en todo el territorio del Estado "botar o dejar abandonados todo tipo de objetos o desperdicios que generen basuras en calles, avenidas, carreteras, caminos vecinales, plazas o parques recreacionales, playas o cualquier otro lugar público o privado, no clasificado por las autoridades para la disposición de la basura".

El artículo 2 designó a los educadores, estudiantes, dirigentes sindicales, gremios profesionales y asociaciones de vecinos, brigadas conservacionistas como auxiliares especiales de las autoridades para el mejor cumplimiento de los fines del Decreto.

Mientras que el 3 contempló sanciones para los infractores de conformidad con el Código Penal, Código de Policía u Ordenanzas Municipales según la gravedad del caso.

El 8 del mismo mes denominó con el nombre de Juan Fermín Millán la Casa de la Cultura de Los Robles, en virtud de ser el epónimo "fiel exponente de nuestra música popular y folklórica".

Morel Rodríguez Ávila

Maestro Normalista y político. Asumió por primera vez el cargo desde el 11 de enero de 1986 hasta el 6 de enero de 1988 mediante nombramiento que le hiciera el presidente Jaime Lusinchi.

Volvió a ese cargo, como primer gobernador elegido directamente por el pueblo el 3 de enero de 1990, siendo reelegido.

El 10 de noviembre de 2004 regresó al cargo en el cual permaneció hasta el 28 de diciembre de 3012.

ACTA DE TRANSMISIÓN DE MANDO

En la ciudad de La Asunción, capital del Estado Nueva Esparta, a las 12:00 m. del día once de enero de mil novecientos ochenta y seis, reunidos en el Despacho los ciudadanos Morel Rodríguez Ávila, nombrado

Gobernador del Estado Nueva Esparta, según Decreto N° 979 del ciudadano Presidente Constitucional de la República y el ciudadano Dr. Pablo Márquez Gil, Gobernador en ejercicio, con el objeto de verificar la transmisión legal del Poder que haría el segundo de los nombrados, en la persona del primero, se procedió al efecto con asistencia de diversos funcionarios públicos y varios ciudadanos. Habiéndose llenado las formalidades con los trámites requeridos, se levanta la presente acta que firman:

Dr. Pablo Márquez Gil
Morel Rodríguez Ávila

DECRETO DE TOMA DE POSESIÓN

Morel Rodríguez Ávila
Gobernador del Estado Nueva Esparta

Electo como he sido por la soberanía del pueblo neoespartano, Gobernador de esta Entidad Federal y habiendo prestado el juramento de Ley ante la Honorable Asamblea Legislativa,
N° 01 Decreto:
Artículo 1°. - Me declaro en ejercicio de la Gobernación del Estado Nueva Esparta.
Artículo 2°. - Comuníquese y publíquese.
Dado, firmado y sellado en el Palacio de Gobierno del Estado Nueva Esparta, en La

Asunción, a los tres días del mes de enero de mil novecientos noventa. Año 180° de la Independencia y 131° de la Federación.
(L.S.)
Morel Rodríguez Ávila

Cuarto mandato

En este nuevo mandato, ante los obstáculos interpuestos por el Consejo Legislativo Regional con mayoría castro-chavista, la ceremonia de toma de posesión se llevó a efecto en la sede del Colegio de Abogados.

La jueza del Juzgado Superior en lo Civil, Mercantil y Agrario, Ana Emma Longart, le tomó el juramento de ley el miércoles 10 de noviembre de 2004.

Resumen de gestión

1986

Creación de la Comisión de Prevención y Control de Delitos Provenientes del Narcotráfico, con el objeto de instrumentar los medios idóneos para evitar la comisión de los delitos por uso de sustancias estupefacientes y psicotrópicas capaces de causar dependencia; tomar las iniciativas que fueren convenientes para la realización de sus fines; coordinar sus actividades con otros organismos o instituciones públicas y privadas; programar ciclos de clases o conferencias para crear conciencia en la colectividad y llevar a cabo cualquier otra actividad que considere conveniente para el cumplimiento de sus objetivos. Dicho organismo quedó conformado por el abogado Carmelo Rosas Marcano, quien la presidió; los médicos Yoni Sardi y Emiro Marcano Maza; el teniente coronel Enrique Rincón Apalmu y el sociólogo Jesús Indriago Campos.

Justificó su creación por el creciente auge delictivo proveniente del consumo, tenencia, tráfico y demás hechos tipificados en la Ley Orgánica Sobre Sustancias Estupefacientes y Psicotrópicas que afectan profundamente la salud física y mental de los jóvenes por razones de la dependencia que crean.

Además, porque la familia neoespartana vive amenazada en los actuales momentos por el terrible flagelo considerado como enemigo de la humanidad, por ir contra los factores fundamentales de los pueblos en lo ético, cultural, histórico, religioso y social.

Puesta del Ejecútese a la Ley de Reforma Parcial de la Ley Orgánica de la Administración Estadal, que creó la Dirección de Turismo, para estimular, planificar, desarrollar y coordinar las actividades turísticas en el territorio del Estado, de acuerdo con lo establecido en las leyes nacionales respectivas. Dicha herramienta jurídica había sido decretada por la Asamblea Legislativa el 4 de enero del mismo año.

Orden para la reorganización de la Oficina de Personal, por considerar "Que los sistemas y procedimientos utilizados en el manejo del personal obrero y administrativo adscrito a diferentes dependencias del Ejecutivo Regional, no cubren totalmente las distintas etapas de un eficiente y dinámico sistema de administración de personal" y creación del Departamento de Servicios Generales, adscrito a la Dirección de Administración y Finanzas, por existir "recursos humanos y materiales subutilizados, por cuanto los servicios prestados generalmente no responden a las exigencias y requisitos de la organización".

Inauguración de los preescolares de Manzanillo, La Lagunita y Mata Redonda. Y en coordinación con el Ministerio de Desarrollo Urbano, conclusión de los ciclos básicos Luisa Cáceres de Arismendi, de Los Cocos, y Paraguachí; la Escuela de Música Luis Manuel Gutiérrez, de Juangriego, la Escuela Básica Dr. Agustín Rafael Hernández, de San Pedro de Coche, y la escuela de Las Marvales.

1987

Ese año estaban construyéndose el ciclo básico de Paraguachí, la Escuela de Artes Plásticas y Aplicadas Pedro Ángel González y los preescolares del Grupo Escolar Estado Zulia, Achípano y Escuela Leonardo Ruiz Pineda, de Los Cocos, y fue concluida la construcción, a través del Ministerio de Desarrollo Urbano, de la edificación sede de la Escuela de Hotelería y Turismo del Núcleo Nueva Esparta de la Universidad de Oriente.

El 12 de octubre, mediante Decreto 129, creó el Cuerpo Especial Policía Turística del Estado Nueva Esparta adscrito a la Comandancia General de Policía, para brindar protección, auxilio, información y orientación a los visitantes; custodiar y proteger el patrimonio histórico y cultural del Estado; vigilar y proteger nuestro ambiente con los organismos nacionales y regionales que competen dichas actividades; participar activamente en los programas de promoción, fomento, publicidad y propaganda de la actividad turística e inspeccionar y fiscalizar el funcionamiento de establecimientos que integran el sistema turístico regional, tales como hoteles, restaurantes, transporte y demás empresas afines de modo de contribuir a una mejor y efectiva prestación de estos servicios

El 10 de diciembre denominó con el nombre de Dr. Carlos Fermín Gómez la gallera monumental del Complejo Recreacional Isla Mágica.

El 30 del mismo mes le puso el Ejecútese a la Ley de División Político-Territorial del Estado Nueva Esparta promulgada por la Asamblea Legislativa el 10 del mismo mes.

1990

El 30 de marzo, por Decreto 39, creó la Fundación Casa Natal del General en Jefe Santiago Mariño.
El 24 de abril le puso el Ejecútese a la Ley de Servicio de Bomberos del Estado Nueva Esparta decretada por la Asamblea Legislativa el 29 de marzo.

El 14 de mayo, por Decreto 52, creó el Consejo Estatal de Turismo.

El 11 de junio le puso el Ejecútese a la Ley que Crea el Instituto Autónomo de Saneamiento Ambiental del Estado Nueva Esparta, decretada por la Asamblea Legislativa el 5 de ese mes. Se le asignó a este organismo la planificación, organización, dirección, coordinación, administración, control y ejecución de las actividades de saneamiento ambiental del ámbito insular.

El 13 de noviembre, por Decreto 91, creó la Comisión Regional de Arborización, por considerar necesaria "la incorporación de todos los sectores neoespartanos al desarrollo de un plan mínimo de arborización". La presidió la ingeniera Arelys María Cheng.

1993

El 29 de diciembre suscribió un contrato con el Consorcio CVA, C.A. para operar el Aeropuerto Internacional del Caribe General en Jefe Santiago Mariño.

1995

Sede de la Comandancia de Policía, en La Asunción; ampliación de la sede de la Dirección de Inteligencia Militar en el Aeropuerto Internacional del Caribe General en Jefe Santiago Mariño y de los módulos

Figura 4. Liceo Juan de Castellanos

policiales de Villa Rosa y Altagracia.

Construcción del Módulo Policial de La Isleta. Continuación del Palacio de Justicia y del Club Social del Policía. Ampliación y mejoras de los muelles de El Tirano, Chacachacare y Juangriego.

Inauguración del Monumento al Pescador Margariteño en Playa Valdez. Elaboración del Plan de Desarrollo Turístico para el bienio 1995-1996.

Inicio del Centro Turístico Artesanal de Santa Ana del Norte. Primera etapa de la remodelación del casco urbano de Los Robles. Inauguración de la primera etapa de la restauración del casco urbano de Santa Ana del Norte.

Elaboración de la primera versión del Plan de Ordenamiento Urbano y Reglamento de Uso de Zonas Protectoras de Playas El

Figura 5. Casa de la Cultura Ramón Vásquez Brito

Tirano, El Cardón y Puerto Abajo. Delimitación y Reglamentación de Acceso Público de las playas Guacuco, Caribe, La Caracola, Puerto Viejo, Guayacán, Puerto Cruz, Zaragoza, El Tirano y El Cardón. Saneamiento de la urbanización El Trocadero, de Pampatar. Inauguración de la Avenida Rómulo Betancourt.

Continuación de la avenida Porlamar-La Asunción. Inauguración del liceo de Bella Vista, del preescolar de La Sabaneta y el comedor de la Escuela Básica José Joaquín de Olmedo, e Pampatar.

Puesta en servicio de aulas en la Escuela Básica Jesús Subero, Playa Moreno. Inauguración del escenario de la Escuela Básica Miguel Zúñiga, de La Guardia. Inicio de la construcción de aulas en el Centro Taller de Pampatar. Continuación del comedor escolar del Núcleo de la Universidad de Oriente. Laboratorio de la UDO en Boca del Río. Puesta en servicio de canchas múltiples en el Liceo Vicente Marcano y la Plaza del Deporte del Liceo Juan de Castellanos.

Inicio del anfiteatro de Los Robles y la sede de la Banda Show Coronel José Celedonio Tubores, de Punta de Piedras. Ampliación del Club La Paloma, de Los Cocos, y la sede de la Federación de Centros Culturales del Estado Nueva Esparta y el Teatro Simón Bolívar.

Inauguración de la iglesia de Pedregales y la Casa Parroquial de Los Robles. Continuación de los trabajos de construcción de las iglesias de La Arboleda y Costa Azul.

Inauguración de la primera etapa del urbanismo del sector Macho Muerto, con la entrega de 54 viviendas de interés social Rómulo Betancourt. Inicio de la construcción de urbanismo para viviendas en el sector Cerro Colorado.

La bloquera produjo ese año 400.092 bloques que fueron repartidos en los once municipios.

Figura 6. Juangriego

Inauguración del acueducto de Manzanillo. Saneamiento y acueducto en La Sabaneta. Inicio de los trabajos de instalación de la planta desalinizadora de San Francisco de Macanao.

Inicio de instalación de cloacas en los sectores Las Piedras-Pedregales-Las Cabreras, del Municipio Marcano, y Agua de Vaca, Municipio Maneiro.

Inicio del colector de aguas servidas del sector Los Olivos, Municipio Maneiro.

Figura 7. Boulevard Gómez

Canchas de usos múltiples en San Pedro de Coche, La Sabaneta, San Lorenzo, (Maneiro) urbanización José Asunción Hernández (Marcano) Guaraguao. Estadio de El Guamache de Coche.

Inicio del estadio de Villa Rosa.

Inauguración de la Clínica del Cáncer Nuestra Señora del Carmen, La Arboleda.

Inicio del ambulatorio II de El Guamache (Tubores).
Puesta en servicio del estacionamiento anexo al mercado Los Conejeros.

Más obras

Creación de la Fundación Jesús Manuel Subero.
Ejecución de los programas Cesta Alimentaria para favorecer a familias de escasos recursos económicos, sin distingo político o religioso con alimentos básicos y el Tren de la Salud, que suministraba servicios médicos y odontológicos, así como fármacos gratuitos a paciente de sectores populares de Margarita y Coche.
Entrega de créditos para el mejoramiento de viviendas.
Ayudas sociales diversas.
Viviendas populares.
Más de tres mil obras de infraestructura tanto de rehabilitación como construcción.
Seguro de hospitalización para más de tres mil guardianes de seguridad, pescadores, taxistas, maleteros del aeropuerto General en Jefe Santiago Mariño, agricultores y artesanos.
Seguro para los estudiantes de los planteles dependientes de la Gobernación.
Aulas virtuales.

Complejo Cultural Francisco Lárez Granado de Juangriego.

Centro de Artes Omar Carreño de La Asunción.

Comisión de Prevención y Control de Delitos Proveniente del Narcotráfico.

Equipamiento de la Policía del Estado y mejoramiento de las condiciones de trabajo de sus miembros.

Dotación de motocicletas a la Guardia Nacional.

Construcción de las sedes de la DISIP y la Comandancia General de Policía.

Comando del Regimiento 6 de la Guardia Nacional en La Asunción que denominó Batalla de Matasiete.

Construcción de edificaciones para las sedes de las prefecturas de Porlamar, Punta de Piedras, Altagracia, San Pedro de Coche y Villa Rosa.

Creación del Cuerpo Especial Policía Turística del Estado Nueva Esparta, La Asunción, y Comando de Unidades Especiales en el sector Cerro Colorado de Porlamar.

Módulos Policiales en Playa El Ángel, Achípano, Las Casitas de los Pescadores de Pampatar, La Isleta, Altagracia, urbanización Pedro Luis Briceño.

Subdelegación del Cuerpo Técnico de Policía Judicial en Punta de Piedras.

Comando de Policía en Los Cocos.

Ley de Protección Social del Policía.

Prohibición del reclutamiento militar forzoso en Nueva Esparta.

Bulevar Gómez de Porlamar.

Ampliación del Instituto Tecnológico del Mar, Punta de Piedras.

Trabajos de construcción de las sedes del Poder Judicial y MINDUR en La Asunción.

Sedes de Malariología, Cruz Roja Venezolana y Clínica Virgen del Carmen.

Mercados de La Asunción, Boca del Río y Santa Ana del Norte.

Sedes de las alcaldías de García, Antolín del Campo y Tubores.

Paseos peatonales de Playa El Agua, Playa Zaragoza, Juangriego, El Valle del Espíritu Santo, Los Robles y Santa Ana del Norte.

Casa Sindical José González Navarro.

Figura 8. Avenida 4 de Mayo

Sede administrativa de la Gobernación.

Churuata y trabajos de ampliación de la sede del Colegio Nacional de Periodistas.

Culminación del Gimnasio Cubierto Ciudad de La Asunción.

Recuperación del balneario de La Galera y la escuela de dicha localidad.

Módulos de Información Turística en la avenida 4 de Mayo de Porlamar.

Plan de arborización en Margarita y Coche mediante la creación de la Comisión de Arborización y Conservación del Estado Nueva Esparta.

Proyecto de Saneamiento Integral de la Isla de Margarita.

Plan de Ordenación de los Espacios Turísticos de Nueva Esparta.

Declaración de la Cotorra Margariteña como Ave Regional de Nueva Esparta.

Institución de la Orden Dr. Luis Beltrán Prieto Figueroa, consistente en diploma y medalla de oro y la Condecoración Botón Mérito al Servicio Público del Estado Nueva Esparta.

Creación el Grupo Promotor de la Sociedad de Garantías Recíprocas para la Pequeña y Mediana Empresa del Estado Nueva Esparta.

Construcción del tramo carretero Boca del Río-Santa Inés-Robledal en la Península de Macanao.

Puesta en funcionamiento en el Instituto Neoespartano de Policía de un sofisticado sistema de monitoreo GPS para saber a ciencia cierta la ubicación de cada patrulla y lograr una mayor efectividad.

Entrega por intermedio de INVIECO de centenares de créditos para la sustitución de techos a familias de Los Cocos. Bella Vista, Ciudad Cartón, Los Delfines y otras localidades Margarita y Coche.

Rancherías para los pescadores de Boca del Pozo y otras poblaciones.

Dotación de laboratorios de física, química y biología en planteles educativos ubicados en los municipios Mariño, Maneiro y Arismendi

Asistencia crediticia, por intermedio del Instituto de Asistencia y Financiamiento de los Pescadores Artesanales (INAFINPES), a centenares pequeños trabajadores del mar para la adquisición de artes de pesca, embarcaciones, equipos de navegación, motores centrales y de borda de 30, 40 y 75 caballo de fuerza y construcción y reparación de peñeros.

Suministro, a través de la Dirección de Desarrollo Social, de ayudas técnicas a adultos mayores con discapacitación física.

Construcción de más de 3 mil obras de infraestructura tanto de rehabilitación como construcción en localidades de Margarita y

Coche y más de un centenar de escuelas modernas debidamente dotadas en los 11 municipios neoespartanos.

Seguro de hospitalización y cirugía para más de 3 mil guardianes de seguridad, pescadores, taxistas, maleteros del aeropuerto, agricultores, artesanos y seguro escolar para los estudiantes de las escuelas regionales.

Sede de la UDO en la Isla de Coche y la Escuela de Educación Especial en La Comarca, Municipio García.

Siete avenidas, entre ellas las Rómulo Betancourt y Francisco Fajardo y ampliación de la avenida 4 de Mayo.

**Figura 9. Busto General José
Antonio Anzoátegui en Juangriego**

Jesús Rafael Aguilera

Abogado. Desempeñó el cargo desde el 6 de enero de 1988 hasta el 3 de febrero de 1989.

DECRETO DE TOMA DE POSESIÓN

Decreto:

Nombrado como he sido por el ciudadano presidente Constitucional de la República de Venezuela, Gobernador del Estado Nueva Esparta y habiendo prestado el juramento de Ley.

N° 1
Art. 1°. - Me declaro en ejercicio de la Gobernación del Estado Nueva Esparta.
Art. 2°. - Comuníquese y Publíquese.
Dado, firmado y sellado en el Palacio de Gobierno del Estado Nueva Esparta, en la ciudad de La Asunción, a los seis días del mes de enero de mil novecientos ochenta y ocho. Año 178° de la Independencia y 129° de la Federación.
(L.S.)
Dr. Jesús Rafael Aguilera A.

Resumen de gestión

En el Mensaje presentado a la Asamblea Legislativa el año de asumir el cargo dio a conocer las informaciones que siguen:

Continuación de la sede del Poder Judicial, avenidas Manzanillo-El Valle de Pedrogonzález y Jóvito Villalba.

Conclusión del Internado Judicial de Margarita, Escuela de Artes Plásticas y Aplicadas Pedro Ángel González, estadio de Guiriguire, Casa del Peregrino en El Valle del Espíritu Santo, cinco parques infantiles en diferentes localidades de Margarita, Casa Parroquial de Los Robles, mercado pesquero de Porlamar, capillas de Tacarigüita y Boca Chica, Iglesia de La Mira, Escuela Leonardo Ruiz Pineda, de Los Cocos, y el Centro Polivalente de INCEMAR en Juangriego. Asimismo, se continuó la construcción del Instituto Universitario de Tecnología del Mar, en Punta de Piedras, y la Escuela Doña Menca de Leoni, en Ciudad Cartón.

Comando de la Guardia Nacional en Punta de Piedras.

Lonja pesquera de Juangriego.

Avenida Constitución de La Asunción, rebautizada por el castrochavismo como avenida Bolívar.

Asfaltado total del Aeropuerto Internacional General en Jefe Santiago Mariño.

Acceso a Playa Guacuco.

Puesta en funcionamiento de la avenida Constitución de La Asunción, rebautizada como avenida Bolívar por la Alcaldía del Municipio Arismendi.

Construcción de la primera etapa del Ciclo Básico Creación Porlamar.

Otorgamiento de 485 créditos para el mejoramiento de viviendas.

Construcción de 96 unidades habitacionales en la urbanización Jóvito Villalba con el INAVI y 442 con Vivienda Rural.

Acceso a Las Guevaras y Las Marites y carretera Playa Zaragoza.

Avenida Circunvalación Norte.

Carreteras Juangriego-La Guardia y San Francisco de Macanao.

En construcción se encontraban la Planta de Tratamiento de Aguas Negras de Los Cerritos, primera etapa del colector general de Porlamar y cloacas en El Guamache de Coche.

Durante su gestión el presidente Jaime Lusinchi puso en funcionamiento la represa de Turimiquire en el Estado Sucre para aumentar sustancialmente el flujo de agua a Margarita.

José Luis Bruzual

Ingeniero civil. Ejerció el cargo desde el 3 de febrero de 1989 hasta el 14 de diciembre del mismo año.

DECRETO DE TOMA DE POSESIÓN

Ing° José Luis Bruzual
Gobernador del Estado Nueva Esparta

Nombrado como he sido por el ciudadano presidente de la República de Venezuela, Gobernador del Estado Nueva Esparta, y habiendo prestado el juramento de Ley.
Decreto:
N° 01
Artículo 1°. - Me declaro en ejercicio de la Gobernación del Estado Nueva Esparta.
Artículo 2°. - Comuníquese y Publíquese.
Dado, firmado y sellado, en el Palacio de Gobierno del Estado Nueva Esparta, en la ciudad de La Asunción, a los tres días del mes de febrero de mil novecientos ochenta y nueve. Año 179° de la Independencia y 130° de la Federación.
(L.S.)
Ing° José Luis Bruzual

Resumen de gestión

El 13 de marzo, por Decreto 8, prohibió en todas las áreas de playas y sus alrededores la realización de festivales musicales y/o o cualquier otra clase de espectáculos que entorpezcan el normal uso y disfrute durante la Semana Mayor y el tránsito de cualquier tipo de vehículo, paseo o trote a caballo , en zonas arenosas de las playas y por Decreto 9, prohibió terminantemente la construcción, instalación y funcionamiento de kioscos y ventorrillos dedicados a la venta de comida, bebidas alcohólicas y refrescantes en las playas y sus áreas adyacentes.

El 3 de julio, por Decreto 24, creó la Fundación Casa del General en Jefe Santiago Mariño, con domicilio y sede en El Valle del Espíritu Santo.

El 5 del mismo mes modificó las bases del Premio de Periodismo Batalla de Matasiete estableciendo las menciones redactor o reportero de prensa, redactor o reportero radial, reportero gráfico y redactor o reportero de televisión.

A Francisco Mata Díaz le correspondió presentar a la Asamblea Legislativa el Mensaje correspondiente a su gestión, representada en las siguientes obras:

Reacondicionamiento de ambulatorios de los municipios Villalba, Díaz, Península de Macanao, Mariño, Tubores, Maneiro, Marcano y Arismendi.

Conclusión de 144 viviendas con el INAVI de 144 viviendas en la urbanización Jóvito Villalba.

Inauguración de la Planta de Tratamiento de Aguas Negras de Los Cerritos y la primera etapa de la situada en Juangriego.

Estudio completo y diseño de protección de la represa de Turimiquire.

Limpieza de plazas de Margarita y Coche.

Acondicionamiento integral de Punta de Piedras.

Recuperación de la laguna de Punta de Mangle.

Saneamiento del vertedero de basura de El Piache.

Construcción del muelle Dr. Jóvito Villalba, canchas múltiples de La Mira y El Salado y rompeolas en el Muelle Pesquero de Chacachacare.

Remodelación urbana de Boca del Río

Reparación y mantenimiento del Puerto Internacional de El Guamache.

Continuación del Muelle Turístico Internacional de El Morro.

Ampliación del cementerio de La Asunción.

Cancha múltiple de El Maco.

Inauguración, por parte del presidente Carlos Andrés Pérez, de la avenida Bolívar.

Inicio de la primera etapa de acceso a Los Cerritos.
Distribuidor aeropuerto.

Francisco Mata Díaz

Profesor de educación secundaria. Tomó posesión del cargo el 14 de diciembre de 1989 y lo ejerció hasta el 3 de enero de 1990.

DECRETO DE TOMA DE POSESIÓN

Prof. Francisco Mata Díaz

Nombrado como he sido por el ciudadano presidente Constitucional de la República de Venezuela, Gobernador del Estado Nueva Esparta, y habiendo prestado el juramento de Ley.
Decreto:
N° 1
Artículo 1°. - Me declaro en ejercicio de la Gobernación del Estado Nueva Esparta.
Artículo 2°. - Comuníquese y Publíquese.
Dado, firmado y sellado en el Palacio de Gobierno del Estado Nueva Esparta, en la ciudad de La Asunción, a los catorce días del mes de diciembre de mil novecientos ochenta y nueve. Año: 180° de la Independencia y 131° de la Federación.
(L.S.)
Prof. Francisco Mata Díaz

Resumen de gestión

Durante su breve mandato puso en funcionamiento el comedor de la Escuela Juan José Fernández, de La Vecindad, y el kínder Antonio José de Sucre.

Rafael Tovar

Abogado y empresario naviero. Asumió el cargo desde el 4 de enero de 1996 hasta el 4 de enero de 1999. Reelecto en las elecciones de diciembre de 1998 no pudo reasumir la gobernación debido a que falleció el 11 de 1999.

DECRETO DE TOMA DE POSESIÓN

Rafael Tovar
Gobernador del Estado Nueva Esparta

Electo como he sido por la voluntad popular del pueblo neoespartano, de conformidad con la Gaceta Oficial del Estado Nueva Esparta, Número Extraordinario de fecha 16 de diciembre de mil novecientos noventa y cinco, Gobernador de esta Entidad Federal, y habiendo prestado el juramento de Ley ante la Honorable Asamblea Legislativa
N° 001 Decreto:
Artículo 1°. Asumo en este acto y me declaro en ejercicio de la Gobernación del Estado Nueva Esparta.
Artículo 2°. Comuníquese y publíquese.
Dado, firmado y sellado en el Palacio de Gobierno del Estado Nueva Esparta, en la ciudad de La Asunción a los cuatro días del mes de enero de mil novecientos noventa y

seis. Año 186° de la Independencia y 137° de la Federación.
(L.S.)

Rafael Tovar

Resumen de gestión

Creó la Fundación Museo de Arte Francisco Narváez, la Comisión para el Deporte con el objeto de estimular el desarrollo de las actividades deportivas buscando incorporar a todas las clases de la población insular, la Oficina Regional de Prevención del Delito, la Oficina de Recursos Minerales del Estado Nueva Esparta, adscrita a la Dirección de Hacienda; el Registro Turístico Estatal, la Comisión Estadal de Seguimiento del Componente Social de la Agenda Venezuela, el Comité de Modernización de la Gobernación del Estado Nueva Esparta, con el objetivo principal de coordinar, supervisar, evaluar y apoyar el proceso de modernización que se lleva a cabo en el Estado.

Declaró Himno del Magisterio del Estado Nueva Esparta el titulado El Maestro Neoespartano, letra y música de José Augusto D`León.

Modificó el Comité Estadal de Vivienda creado mediante Decreto N° 430 del 12 de mayo de 1995 por el gobernador Morel Rodríguez Ávila.

El 3 de abril de 1996, por Decreto 417, creó la Comisión Regional para la Prevención del Embarazo Precoz, debido a "Que el embarazo precoz constituye una limitante para el desarrollo personal tanto de la madre adolescente como del de su hijo y constituye el debilitamiento de la institución familiar. Que en nuestra región el embarazo precoz es considerado un problema de salud pública. Que anualmente un alto porcentaje de los nacimientos registrados se producen en uniones inestables de madres adolescentes y que los factores causales son de naturaleza múltiple y exige acciones de política social y económica con la participación concertada de los sectores públicos y privados, en el entendido de que la prevención del embarazo precoz ha sido considerada como una condición importante para lograr las transformaciones productivas e incrementar la equidad.

El artículo 2 le atribuyó por objeto "ejecutar y adecuar las políticas establecidas en el Plan Nacional de Prevención del Embarazo Precoz en coordinación con la Comisión Nacional".

El 4 del mismo mes y año, por Decreto 421, creó la Unidad Técnica de Coordinación Regional del Empleo Joven, como un organismo "de concertación política institucional que cree escenarios sociales de participación de la institucionalidad pública, privada y sociedad civil organizada, para articular esfuerzos estatales que permitan atender a los jóvenes en condición de exclusión social y abrir oportunidades para su ingreso como fuerza de trabajo en el mercado regional" y derogó en todas sus partes el Decreto N° 577, emitido por el gobernador Morel Rodríguez Ávila el 30 de diciembre de 1995 para ceder a la Alcaldía del Municipio Antolín del Campo la administración de los balnearios El Agua, Playa Manzanillo y el frigorífico de la misma localidad, así como el balneario de Punta Arenas y el local sede de la Asociación de Pescadores en Boca del Río.

Creó la Oficina de Atención Ciudadana con el propósito de lograr la participación activa de la sociedad en los asuntos de interés público y la Comisión Regional de Educación con carácter permanente, cuyo artículo 2 le atribuyó las funciones de formar una conciencia ambientalista que genere una conducta ciudadana participativa, congruente con el desarrollo integral del Estado, a fin de lograr una mejor calidad de vida; promover, estimular y asesorar los esfuerzos y acciones de las instituciones públicas y privadas para el desarrollo de la educación ambiental. Asimismo, proporcionar conocimiento a la población que le permita adquirir una conciencia básica del ambiente en su totalidad y de los problemas conexos.

Asimismo, creó en San Juan Bautista la Casa de la Cultura Presbítero Dr. Silvano Marcano Maraver, por considerar que en dicha población "se instaló la primera Peña Literaria de América que dio luces al mundo y conformó un hecho glorioso y de suma importancia para las letras" y el Comité Estadal de Educación para garantizar la debida coordinación interinstitucional y suministrar lineamientos sobre las estrategias más adecuadas para llevar adelante los programas regionales.

Reconoció como Patrimonio Cultural del Estado Nueva Esparta a la Sociedad Progreso, la Sociedad Benefactora de Juangriego, la Sociedad Pro La Guardia y Marinos de Punda, e instituyó el Premio Juan de Castellanos en honor al que podría considerarse el más antiguo cronista de esta región, a otorgarse anualmente el Día del Cronista con un reconocimiento en metálico de 100 mil bolívares y publicación de una de las obras del ganador.

Le puso el ejecútese a la Ley de Reforma Parcial de la Ley Orgánica de Administración Estadal mediante la cual se creó la Dirección de Planificación y Desarrollo del Estado, a la Ley del Instituto de Vivienda y Equipamiento de Comunidades del Estado Nueva Esparta

(INVIECO) y a la Ley sobre el Plan Estratégico Educativo del Estado Nueva Esparta.

Uno de los considerandos del emitido al efecto decía: "Que la educación en el Estado Nueva Esparta ha venido acusando en los últimos años signos preocupantes de deterioro en cuanto a su calidad y pertinencia".

El artículo 1 señaló que el referido plan "fue elaborado gracias al esfuerzo mancomunado de todos los entes comprometidos con el desarrollo de la educación en el Estado y en ajuste a las experiencias recogidas en el quehacer educativo e histórico de la región".

Prohibió el uso de sky acuático, motor de agua, bananas acuáticas y otros implementos turístico-deportivos en los calderos naturales de La Isleta, Playa Valdez, La Caranta, Playa Moreno, Manzanillo, Guayacán, San Pedro de Coche y El Guamache (Coche).

Instituyó el Premio Regional de Artes Escénicas Francisco Lárez Granado, como un reconocimiento a los artistas o agrupaciones que con sus aportes hayan contribuidos a la formación, producción y desarrollo de esta disciplina artística, dentro fuera del estado, a otorgarse cada 28 de junio, Día Nacional del Teatro, con 100 mil bolívares para el ganador, además de diploma.

Uno de los considerandos señaló:

"Que el escritor y poeta Francisco Lárez Granado, en su importante trabajo creativo, dedicó mucho de su esfuerzo a las artes escénicas".

Creó el Programa Beca Estímulo al Rendimiento Escolar Excelente y al Comportamiento Ciudadano Ejemplar (BERECE) dirigido a los estudiantes cursantes del Ciclo Diversificado de los estudiantes de Educación Secundaria, por considerar "Que aquellos estudiantes que observen un rendimiento académico excelente y un comportamiento ciudadano ejemplar merecen ser estimulados en las áreas del quehacer en los cuales se desenvuelven" y por ser un deber del Ejecutivo Regional apoyar todas aquellas iniciativas tendentes a garantizar que nuestros jóvenes estudiantes alcance el título universitario, instrumento seguro de éxito personal y profesional y la Unidad de Coordinación y Ejecución Regional (UCER) y constituyó la Fundación Margarita, Coche y Cubagua (FUNDAINSULAR), con el objeto de coadyuvar al desarrollo y consolidación de programas de asistencia social de apoyo a la economía popular, mediante la creación e implementación de mercados populares que faciliten a los sectores de la población que vive en situación de pobreza, el acceso a rubros alimenticios de alto contenido calórico; promover en las comunidades la formación de microempresas y cooperativas, con preferencia en los sectores pesqueros.

Ordenó la colocación en el Parque de los Héroes e Hijos Ilustres del Estado Nueva Esparta las estatuas de los generales Francisco Esteban Gómez y Pablo Morillo, vencedor y perdedor en la Batalla de Matasiete del 31 de julio de 1817.

Igualmente, "los bustos de aquellos oficiales patriotas y del Soldado Desconocido, como también los de calificados neoespartanos que con su ciencia, arte y literatura dejaron obra escrita perdurable y hoy levantan el gentilicio neoespartano".

Le asignó a la Escuela de Artes Plásticas Pedro Ángel González la tarea de esculpir las respectivas obras.

Creó la Comisión Para la Reforma del Estado Nueva Esparta (COPRENE) y la Comisión Regional del Estado Nueva Esparta contra el Uso Ilícito de las

Declaró Año Jubilar de Margarita entre el 15 de agosto y el 15 de septiembre con motivo de los 500 años del avistamiento de Margarita por Cristóbal Colón y creó la Fundación VII Cumbre de Margarita.

Le puso el ejecútese a la Ley de Salud del Estado Nueva Esparta, a la Ley del Instituto Autónomo de Servicio de Biblioteca e Información del Estado Nueva Esparta y a la Ley de Reforma Parcial de la Ley de

Corporación de Turismo del Estado Nueva Esparta (CORPOTUR).

Inauguró en Pampatar la Casa de la Cultura Manuel Plácido Maneiro y en Juangriego la nueva sede de IPOSTEL.

Estableció el Premio de Música Coral Modesta Bor como un reconocimiento a las instituciones e individualidades dedicadas a esta disciplina musical y la figura de Patrimonio Cultural Viviente para honrar a aquellos ciudadanos que han dedicado su vida al cultivo, preservación y consolidación de las manifestaciones artístico-culturales de Nueva Esparta.

Reformó parcialmente el Decreto N° 474 del 2 de agosto de 1995 que creó la Junta de Beneficencia Pública del Estado Nueva Esparta.

Creó el Registro Turístico Estadal, la Oficina de Recursos Minerales del Estado Nueva Esparta, la Comisión Regional para la Educación Ambiental, el Consejo Regional de la Mujer del Estado Nueva Esparta, la Oficina de Cooperación Técnica al Desarrollo con el fin de coadyuvar al diseño de estrategias para utilizar las oportunidades financieras internacionales el Servicio Autónomo de Atención al Menor del Estado Nueva Esparta como unidad administrativa del despacho del gobernador.

Instituyó el Premio Regional de Artes Visuales Ramón Vásquez Brito, mención Cerámica, el Premio Regional de Artes Visuales Francisco Narváez Promotor Cultural en el área de Artes Visuales y el Premio de Fotografía Claudio Pernía.

Declaró Patrimonio Cultural del pueblo neoespartano la revista Margariteñerías fundada el 16 de diciembre de 1971 por Felipe Natera Wanderlinder.

Instituyó el Premio Regional de Literatura Renato Rodríguez, mención Narrativa, a otorgarse anualmente y modificó las bases del Premio de Periodismo Batalla de Matasiete, estableciendo la cantidad de 200 mil bolívares a otorgarse a los periodistas de la prensa, redactores o reporteros radiales, reporteros gráficos, periodistas institucionales y periodistas televisivos.

Honró con el nombre de Maestra Guillermina Valerio Narváez al preescolar de Guayacancito.

Declaró Patrimonio Social y Cultural el sitio del Cerro La Cruz, sólo para la explotación de la arcilla que desde tiempos inmemorables vienen realizando las alfareras de El Cercado, Municipio Gómez.

Bonaldy Rodríguez Mata

Ingeniero civil. Ocupó el cargo desde el 29 de enero de 1999 hasta el 19 de marzo del mismo año.

DECRETO DE TOMA DE POSESIÓN

BONALDY RODRÍGUEZ MATA
GOBERNADOR DEL ESTADO NUEVA ESPARTA

"En uso de mis atribuciones legales.
DECRETO
Nº 01
Artículo 1.- Asumo en este acto y me declaro en ejercicio de la Gobernación del Estado Nueva Esparta.
Artículo 2.- Comuníquese y Publíquese.
Dado, firmado y sellado en el Palacio de Gobierno del Estado Nueva Esparta, en la ciudad de La Asunción, a los veintinueve días del mes de enero de mil novecientos noventa y nueve. Años 189º de la Independencia y 139º de la Federación.
(L.S.)
Bonaldy Rodríguez Mata".

Resumen de gestión

El 4 de febrero, por Decreto 36, instituyó el Premio Regional de Literatura José Joaquín Salazar Franco Cheguaco mención Narrativa Infantil, y por Decreto 37, reconoció como patrimonio cultural del Estado Nueva Esparta el Orfeón Nueva Esparta "por más de 36 años ininterrumpidos de actividad coral, siendo uno de los cuatro coros con más antigüedad en el país".

El 10 de febrero de 1999, por Decreto 65, destinó de manera exclusiva para sede de la Casa de la Cultura de Porlamar la edificación originalmente construida para tal fin y creó la Galería de Personajes Ilustres del Municipio Mariño.

El 22 de febrero, por Decreto 94, creó el nivel de Educación Media, Diversidad y Profesional en las menciones de Ciencia y Contabilidad en la Escuela Básica José Vicente Marcano, de El Guamache, Municipio Tubores.

El 23 de febrero, por Decreto 98, elevó a la categoría de Unidad Educativa al plantel José Vicente Marcano, de Palguarime.

Irene Sáez Conde

Licenciada en Ciencias Políticas. Tomó posesión del cargo el 19 de marzo de 1999 y fue destituida por el Consejo Legislativo Regional el 5 de mayo de 2000.

DECRETO DE TOMA DE POSESIÓN

LIC. IRENE SÁEZ CONDE
GOBERNADORA DEL ESTADO NUEVA ESPARTA

Electa como he sido por la voluntad popular del pueblo Neoespartano, de conformidad con Gaceta Oficial del Estado Nueva Esparta, Número Extraordinario de fecha 16 de marzo de mil novecientos noventa y nueve, Gobernadora de esta Entidad Federal, y habiendo prestado el juramento de Ley ante la Honorable Asamblea.
DECRETO
N° 01
Artículo 1.- Asumo en este acto y me declaro en ejercicio de la Gobernación del Estado Nueva Esparta.
Artículo 2.- Comuníquese y Publíquese.
Dado, firmado y sellado en el Palacio de Gobierno del Estado Nueva Esparta, en la ciudad de La Asunción, a los diecinueve días del mes de marzo de mil novecientos noventa y

nueve. Años 189° de la Independencia y 140° de la Federación.
(L.S.)
Irene Sáez Conde

Resumen de gestión

Designa con el nombre de Pueblo de la Mar la Casa de Cultura de Porlamar, inicialmente Jesús Manuel Subero, a quien por Decreto 233, reconoció como Patrimonio Cultural Viviente del Estado Nueva Esparta.

Gradúa la Escuela Básica Unitaria N° 89 de El Dátil, Municipio Díaz, y le asigna el nombre de Josefina Velásquez de Romero.

El gobernador (e) Juan Abraham Martínez, prohíbe en todo el territorio neoespartano las invasiones en terrenos y demás inmuebles patrimonio de la República, del Estado, los municipios o particulares, con el objeto de impedir que los propietarios o poseedores pacíficos de edificaciones públicas y privadas de predios rústicos o urbanos sean perturbados o privados de su propiedad, mediante ocupación ilícita o hechos violentos salvaguardando así este derecho consagrado en la Constitución.

Se estableció 8 días de arresto a los infractores o su pase a los tribunales.

En uno de los considerandos se señaló:

-Que en el Estado Nueva Esparta se ha incrementado el índice de acciones perturbadoras y atentatorias de la propiedad privada derivadas de las invasiones a predios rústicos y urbanos y demás inmuebles del patrimonio público o privado.

El gobernador (e) Juan Abraham Martínez, designa con el nombre de Jesús Manuel Subero el Centro Cívico de Boca del Río y declara Patrimonio Cultural Viviente del Estado Nueva Esparta a Felipe Natera Wanderlinder e instituye el Premio Regional Anacleto Calderín como un reconocimiento para los artesanos que con su aporte contribuyan a la formación, producción y desarrollo de esta manifestación cultural. Se otorgaría cada 1 de mayo. El ganador obtendría cien mil bolívares en metálico y Diploma de Honor. El premio no podría declarar desierto ni dividirse.

La gobernadora Irene Sáez, designa con el nombre de Asdrúbal Marcano la Mención Dibujo del Premio Regional de Artes Plásticas.

El gobernador (e) Juan Abraham Martínez crea la Comisión Regional para la Prevención del Embarazo Precoz, debido a que en la región el embarazo precoz era considerado un problema de salud pública y porque anualmente "un alto porcentaje de los nacimientos regionales se producen en uniones inestables de madres adolescentes". Además, porque el embarazo precoz constituye "una limitante para el desarrollo personal, tanto de la madre adolescente como de su hija y contribuye al debilitamiento de la institución familiar". Queda, en consecuencia, derogado el Decreto 417 para el mismo propósito emitido el 3 de abril de 1997 por el gobernador Rafael Tovar.

El gobernador (e) Juan Abraham Martínez crea la Orden Cívico-Militar General de División Francisco Esteban Gómez derogando al efecto el Decreto Nº 91 del 12 de diciembre de 1982, y el Consejo Estadal de Derechos del Niño y del Adolescente del Estado Nueva Esparta con el fin de velar por los derechos e intereses difusos y colectivos de niños y adolescentes, así como establecer las políticas y planes estadales de acción en materia de protección de éstos, tomando en cuenta las directrices establecidas por el Consejo Nacional de Derechos del Niño y del Adolescente.

El gobernador (e) Gustavo Correa Viso declaró Patrimonio Cultural del Estado Nueva Esparta el Museo de Arte Contemporáneo Francisco Narváez.

La gobernadora Irene Sáez Conde incorpora como asignaturas obligatorias al currículo básico regional en la primera y segunda etapa de Educación Básica Educación para el Turismo, Conservación del Ambiente e Inglés.

Durante su gestión fue inaugurada la avenida Porlamar-La Asunción, iniciada durante el mandato del gobernador Virgilio Ávila Vivas.

Eustacio Aguilera León

Ingeniero civil. Se desempeñó desde el 8 de junio de 2000 hasta el 18 de agosto del mismo año, dada su condición de presidente del Consejo Legislativo Regional que destituyó a Irene Sáez Conde.

DECRETO DE TOMA DE POSESIÓN

"En uso de las atribuciones conferidas por la Constitución del Estado Nueva Esparta, vista la decisión de la Comisión Legislativa Regional de fecha 5 de mayo y juramentación de fecha 10 de mayo y del Tribunal Supremo de Justicia Sala Político-Administrativa, de fecha 6 de junio del 2000, mediante la cual se ratifica como "Falta Absoluta" la ausencia al cargo de gobernador del Estado Nueva Esparta.
Decreto:
N° 01
Artículo 1.- Asumo en este acto y me declaro en ejercicio como gobernador encargado de la Gobernación del Estado Nueva Esparta.
Eustacio Aguilera León".

Resumen de gestión

El 19 de junio le puso el Ejecútese a la Ley de Protección y Defensa del Patrimonio Cultural del Estado Nueva Esparta, decretada por la Comisión Legislativa Regional el 24 de mayo del mismo año.

El 27 de junio modifica las bases del Premio de Periodismo Batalla de Matasiete, estableciendo las menciones Periodismo Impreso Hermanos Rosario Campo; Periodismo Radial Víctor Aguilera González; Periodismo Televisivo Aquilino José Mata; Periodismo Institucional Miguel Ángel Mata Silva y Periodismo Gráfico Luis Cisneros. Premio: 500 mil bolívares cada mención.

El 11 de julio, por Decreto 84, establece que toda persona "que sea encontrada arrojando, abandonando, depositando y/o vertiendo desechos sólidos, tales como: vidrios, botellas, latas, aluminio, hierro, plásticos, cartones, papeles, cauchos y otros desechos en cualquiera de sus formas, sustancias, productos o materiales no biodegradables, agentes biológicos o bioquímicos, agroquímicos en los suelos o subsuelos, en contravención con las normas técnicas que rigen la materia; que sean capaces de degradarlos a alterarlos nocivamente, serán sancionados con arresto de 24 horas a 8 días".

El 4 de agosto, mediante Decreto 119, prohibió el uso de estricnina y cianuro de sodio como sustancia de envenenamiento para poner fin a la vida de los animales (perros y gatos) en todo el territorio insular. Contempló multas de 100 a 500 días de salario mínimo y sanción de arresto de 14 horas a 8 días según la magnitud del hecho.

Uno de los considerandos precisó:

Que los actos de crueldad animal revisten un aspecto indigno de cualquier cultura, y siendo nuestro Estado una entidad netamente turística, por lo tanto, frecuentado por visitantes internacionales que juzgan la condición cultural de una nación entre otras cosas, por la forma en que se trata a los animales.

El 7 del mismo mes le puso el Ejecútese a la Ley Para la Protección Integral de los Niños, Niñas y Adolescentes del Estado Nueva Esparta decretada por la Comisión Legislativa Regional el 4 del mismo mes.

ALEXIS NAVARRO ROJAS

Tomó posesión del cargo el 16 de agosto de 2000

Decreto de Toma de Posesión

Dr. Alexis Navarro Rojas
Gobernador del Estado Nueva Esparta

Electo como Gobernador de esta Entidad Federal por la voluntad del pueblo Neoespartano, y en uso de mis atribuciones legales que me confiere el artículo 109 de la Constitución del Estado Nueva Esparta, de conformidad con la Gaceta Oficial del Estado Nueva Esparta, Número Extraordinario E-023 de fecha 16 de agosto del año dos mil, y habiendo prestado el juramento de Ley ante el Consejo Legislativo Regional,
Decreto:
N° 001
Art. 1°. - Asumo en este acto y me declaro en ejercicio de la Gobernación del Estadlo Nueva Esparta.
Art. 2°. - Comuníquese y publíquese.
Dado, firmado y sellado en el Palacio de Gobierno del Estado Nueva Esparta, en la Ciudad de La Asunción, u los dieciocho días del mes de agosto del año dos mil. Años 190° de la Independencia y 141° de la Federación.

(L.S.)
Dr. Alexis Navarro Rojas

Resumen de gestión

2000

El 21 de agosto, por Decreto 007, declaró la materia de seguridad como prioridad del Estado, entre otras razones por ser Nueva Esparta una región turística y consecuentemente "deben concretarte todos los esfuerzos para lograr garantizar la seguridad ciudadana en la región como punto fundamental para su desarrollo. El Decreto 008 de la misma fecha declaró materia de prioridad la problemática ambiental, por considerar necesario "adecuar el turismo a la ecología y la realidad del Estado, para un mejor desempeño ambiental que logre fortalecer la actividad ecológica y turística".

El 26 de agosto, por Decreto 012, creó la Comisión Evaluadora del Instituto Autónomo de Policía del Estado Nueva Esparta, "para evaluar el funcionamiento y demás puntos que tengan que ver con el desarrollo de sus funciones.

El 13 de septiembre, por Decreto 24, creó la Comisión de Licitación para la Dotación y Equipamiento Automotor, Motocicletas, Bicicletas, Telecomunicaciones, Armamento,

Municiones, Chalecos Antibalas, Accesorios y Materiales de Uso Policial, para el Instituto Neoespartano de Policía.

El 21 de septiembre declaró en liquidación la Defensoría de los Derechos Humanos creada por Ley Regional publicada en la Gaceta Oficial del Estado Nueva Esparta el 9 de marzo de 1994.

El 29 de septiembre, por Decreto 35, reconoció como Patrimonio Cultural Viviente al profesor Jesús Manuel Subero, "por su destacada actuación en el ámbito docente y cultural, que ha trascendido las fronteras regionales y nacionales".

El 10 de octubre, por Decreto 48, introdujo una Reforma Parcial al Decreto 188 del 16 de agosto de 1999 que creó el Servicio Autónomo de Beneficencia Pública del Estado Nueva Esparta (SABENE).

El 27 de noviembre, con motivo del cuatricentenario de la designación de La Asunción como ciudad erige en dicha ciudad la escultura Ave avizorando la ciudad, de Humberto Cazorla.

2001

El 7 de mayo denominó Patrimonio Cultural del Estado Nueva Esparta al inmueble construido para el Complejo Educacional y Cultural de FONDENE en Porlamar.

El 6 de septiembre, por Decreto 413, designó al historiador y poeta Rosaura Rosa Acosta como Cronista Oficial de Margarita.

El 20 de septiembre declaró tres días de duelo por el fallecimiento en Pampatar del insigne poeta Rosaura Rosa Acosta.

El 21 de septiembre declaró de emergencia pública y califica como tal la materia ambiental en todo el territorio neoespartano, pudiendo al efecto, tomarse las medidas necesarias para solucionar la gravísima problemática de salud pública que enfrenta el Estado.

Consideró como "una emergencia la desinfección y disposición de efluentes de las plantas de tratamiento Los Cerritos y Los Bagres".

Señaló: Que es evidente que los problemas de aguas servidas y de las estaciones de bombeo han afectado a diferentes playas y el ecosistema insular, lo cual incide negativamente sobre la salud y el bienestar del hombre, situación que en consecuencia afecta al turismo y a la economía insular.

El 19 de octubre, por Resolución 011, rescindió la concesión otorgada al Consorcio CVA, C.A. para la operación del Aeropuerto Internacional del Caribe General en Jefe Santiago Mariño.

El 13 de noviembre, por Decreto 465, designó como Cronista Oficial de Margarita al historiador, poeta y escritor Nicanor Navarro

El 5 de diciembre declaró día de júbilo no laborable "por la trascendencia histórica e importancia que las leyes orgánicas de Espacios Acuáticos y de Turismo y la Ley de Pesca y Acuacultura, representan para las islas de Margarita y Coche.

2002

El 6 de agosto, por Decreto 664, otorgó por vía directa la construcción del estadio de Pampatar a la empresa Construcciones Ml, C.A. Consideró que su culminación, reparación y modernización constituía un seguro desarrollo físico-emocional de los niños y adolescentes deportistas, mejorando su calidad de vida, separándolos de las drogas y otros peligros urbanos.

Ese mismo día, por Decreto 665 adjudicó por vía directa la construcción del Centro de Arte Ciudad de La Asunción a la empresa Constructora Nueva Esparta, C.A.

Consideró conveniente que los artistas y las organizaciones regionales, contaran con un lugar adecuado para la exposición de sus obras y trabajos artísticos, y a la vez reconoció su obligación de garantizar a la población neoespartana y visitantes un espacio para la recreación y el esparcimiento, dada la importancia turística de la isla. Por Decreto 666 adjudicó directamente a la empresa Movimar, C.A. la construcción de la Escuela Básica El Piache.

En la misma fecha, por Decreto 667, adjudicó directamente la construcción de la primera etapa de la red de cloacas de Las Cabreras a Cosmos Construcciones, C.A. Por Decreto 668 ordenó la adjudicación directa a la empresa Roferca, C.A. del saneamiento integral de El Espinal mediante la construcción del sistema de colectores de agua servidas de los sectores La Lagunita, Barrio Loco y El Progreso. A esta misma empresa, por Decreto 669, le adjudicó directamente la rehabilitación de la vía carretera rural tramo Juangriego-Cocheima. A la empresa Constructora Altamente, por Decreto 670, le adjudicó la ejecución del acueducto de Fuentidueño.

El 16 de septiembre, por Decreto 694, declaró en emergencia el servicio de Bomberos Terrestres del Estado Nueva Esparta y en consecuencia aprobó la dotación de camiones cisterna, mediante adquisición a la empresa Técnica de Control del Fuego, C.A.

Todo ello en virtud de que la institución carecía de transportadores del vital líquido, presentando un déficit en lo que a unidades se refiere, por lo que era necesario su incremento "con el objeto de dar apoyo al programa social de abastecimiento de agua potable a las poblaciones más distantes que carecen de un sistema eficiente de abastecimiento por tubería y que vendrían a ser atendidas por personal bomberil.

El 30 de septiembre, por Decreto 703, derogó el Decreto 579 del 15 de diciembre de 1995 por medio del cual la Gobernación reasumió la administración, conservación y aprovechamiento del Parque Fray Elías Sendra, el Mercado del Pescado de Los Cocos, el Centro Turístico y Cultural de Margarita, el Complejo Cultural Rómulo Gallegos y el Módulo de Fedaven. Igualmente, la sede de la Fundación Margarita, Coche y Cubagua (FUNDAINSULAR).

El 21 de octubre, por Decreto 717, adjudicó directamente a la empresa Kacell, C.A. la restauración vial e iluminación del acceso al Fortín de La Galera y la remodelación del mercado de Juangriego.

El 14 de noviembre el gobernador (e) Leopoldo Espinoza Prieto creó el Comité de Concesión para otorgar en concesión la explotación y aprovechamiento de la salina ubicada en San Pedro de Coche.

El 22 de noviembre, por Decreto 747, ordenó la adjudicación directa para la constitución del Laboratorio Regional de Control de Calidad de Agua y Endemias Rurales a la empresa Cosmo Construcciones,

C.A., para evitar que estos exámenes sean realizados fuerza de Margarita y de esa manera agilizar los tratamientos respectivos e igualmente garantizar a los neoespartanos una forma de vida digna y acorde con los derechos humanos y las garantías establecidas en la Constitución.

El 2 de diciembre, por Decreto 754, constituyó el Fondo Regional de la Economía Alternativa (FONREAL), con el objeto de promover y financiar proyectos productivos dedicados a la comercialización de bienes y servicios generales como consecuencia de las habilidades humanas, tradicionales y culturales cuya producción representa una fuente de ingreso para los habitantes del Estado Nueva Esparta; financiar proyectos sociales dirigidos a optimizar y reducir las carencias de los servicios y recursos sociales existentes en el entorno y fomentar, programar y colaborar con cualquier otra actividad que tenga como finalidad la producción de bienes y servicios por parte de la comunidad, de cuyos productos devendrá el mejoramiento y desarrollo de las condiciones sociales de la colectividad.

Por Decreto 755 emitido en la misma fecha ordenó la intervención inmediata y la adjudicación directa de los trabajos para la rehabilitación de la Escuela Básica Antonio María Martínez, de Porlamar, a la empresa Inversiones Larsan, C.A.

El 4 de diciembre, mediante Decreto 756, dispone la adquisición directa de los equipos para la implementación de un Sistema Inteligente de Cámaras de Monitoreo; Sistema Inteligente de Control de Entradas y Salidas de residentes y transeúntes, en virtud de que los índices delictivos en el Estado Nueva Esparta se habían incrementado considerablemente y para disminuir la criminalidad se hace necesario establecer controles y vigilancia de entrada y salid de los visitantes "para garantizar a éstos y a residentes la protección y mantenimiento de sus personas y bienes, para lo que se hacía necesario que los organismos de seguridad del Estado "cuenten con los recursos apropiados, en cuanto a tecnología, material y equipos se refiere a los fines de cumplir de forma óptima con las funciones que les son propias".

El 9 de diciembre, por Decreto 760, le otorgó la Buena Pro a la empresa Conserinca, C.A. para la rehabilitación y mantenimiento del parque Francisco Fajardo, a los fines de su aprovechamiento recreacional, esparcimiento turístico y cultural".

2003

El 6 de octubre, por Decreto 1.029, creó la Oficina de Administración Tributaria del Estado Nueva Esparta, como unidad administrativa adscrita a la Dirección de Hacienda.

El 15 de octubre, por Decreto 1.046, creó la Comisión de Licitación Permanente para la Contratación de Obras y Servicios de la Gobernación.

El 18 de noviembre adjudicó por vía directa la construcción del puente de acceso y la plataforma de atraque del pequeño muelle de El Guamache de Coche.

10 de diciembre adjudicación directa de la construcción de la avenida Perimetral de Pampatar y el distribuidor Las Hernández.

2004

El 12 de febrero declaró en estado de emergencia el Castillo Santa Rosa y adjudicó directamente el contrato de restauración, con la asesoría del Instituto de Patrimonio Cultural.

Igualmente declaró a la CORPOTUR responsable del castillo y del Fondo Especial para el Rescate Integral del Castillo.

En la misma fecha convirtió en Unidad Educativa Nuestra Señora de Altagracia la escuela básica de igual nombre.

El 26 de febrero, por Decreto 1.188, asignó directamente la administración del servicio público aeroportuario al Consorcio Unique-IDC.

El Parágrafo Único le otorgó a la empresa suizo-chilena mediante el Contrato de Alianza Estratégica de Participación Mixta, con carácter de exclusividad "la conservación, administración, mantenimiento, aprovechamiento y desarrollo de la infraestructura del Aeropuerto Internacional del Caribe General en Jefe Santiago Mariño".

El 11 de marzo adjudicó directamente la primera etapa del rescate y restauración del Castillo San Carlos Borromeo.

El 19 de marzo declaró en emergencia el Centro Ambulatorio Urbano III Dr. David Espinoza Rojas, de Salamanca, para la remodelación de las áreas de emergencia y quirófano a los fines de ampliar su capacidad. Todo ello, "debido a la situación de colapso que presenta el principal ente dispensador de salud del Estado Nueva Esparta, vale decir el Hospital Dr. Luis Ortega, de Porlamar.

El 6 de marzo declaró la intervención inmediata del Liceo Nueva Esparta y la adjudicación directa del contrato para su rehabilitación, en virtud de que en una asamblea de la comunidad educativa se "invocó la imposibilidad de continuar impartiendo y recibiendo clases en la infraestructura deplorable que presenta al referido liceo, que además pone en peligro la integración física de todas aquellas personas que hacen vida en él".

El 30 de junio decretó la intervención inmediata y la adjudicación directa de las obras Disposición de Efluentes de la Planta de Tratamiento de Los Bagres, aducción y estanque de almacenamiento, II etapa y sistema de disposición de aguas servidas en varias calles del sector Las Margaritas, Municipio Díaz.

El 24 de septiembre decretó la adjudicación directa del contrato de construcción del Centro de Arte Ciudad de La Asunción.

El 18 de octubre, por Decreto 1.442, creó el Consejo Estadal de Planificación y Coordinación de Políticas Públicas del Estado Nueva Esparta.

Carlos Mata Figueroa

Tomó posesión del cargo el 28 de diciembre de 2012 y lo ocupó hasta el 23 de octubre de 2017.

Alfredo Díaz

Tomó posesión del cargo para el cual fue elegido el 23 de octubre de 2017, tras juramentarse ante la ilegítima Asamblea Nacional Constituyente.

El Autor

Eladio Rodulfo González, quien firma su obra en prosa o en verso con los dos apellidos, nació en el caserío Marabal, convertido después en parroquia homónima del Municipio Mariño, Estado Sucre, Venezuela, del matrimonio constituido por Guzmán Rodulfo y Nicomedes González, quien falleció cuando éste era un niño de corta edad y a la cual no conoció ni en retrato. Fue criado por la segunda esposa de su padre, Martina Salazar. Su nacimiento se produjo el 18 de febrero de 1935. Es licenciado en Periodismo de la Universidad Central de Venezuela, trabajador social, poeta e investigador cultural.

Con su esposa, Briceida Moya, procreó a Gabriela Lucila, Juan Ramón, Gustavo Adolfo y Katiuska Alfonsina, llamados así en honor a los poetas Gabriela Mistral, Juan Ramón Jiménez, Gustado Adolfo Bécquer y Alfonsina Storni.

En los primeros años de su vida fue dependiente en la bodega del padre, obrero petrolero de la empresa Creole Petroleum Corporation en Lagunillas, Estado Zulia, localidad donde inició el bachillerato en el Colegio Santa Rosa de Lima, que continuó en los liceos Alcázar y Juan Vicente González y la

Escuela Nacional de Trabajo Social, ambas instituciones situadas en Caracas. También fue cofundador de la División de Menores del extinto Cuerpo Técnico de Policía Judicial y de la Seccional Nueva Esparta del Colegio Nacional de Periodistas, donde integró el directorio en varias secretarías y además presidió el Instituto de Previsión Social del Periodista.

En la extinta Escuela de Periodismo de la Universidad Central de Venezuela, transformada en Escuela de Comunicación Social después, el 9 de octubre de 1969 obtuvo el título de licenciado en Periodismo. Más tarde realizó un posgrado en Administración Pública, mención Organización y Métodos, y un curso de Investigación de Investigación Cultural. Asimismo, hizo cursos policiales en Washington, D.C. y en Fort Bragg, Carolina del Norte.

Todo cuanto escribe, en prosa o verso, lo firma con sus dos apellidos, Rodulfo González.

Publica diariamente los Blogs: "Noticias de Nueva Esparta" y "Poemario de Eladio de Eladio Rodulfo González", Es miembro fundador del Colegio Nacional de Periodistas, Seccional Nueva Esparta. Pertenece a la Sociedad Venezolana de Arte Internacional.

<u>En formato digital ha publicado los libros:</u>

Poesía:
La Niña de Marabal
Poesía Política
Elegía a mi hermana Alcides
Cien Sonetillos
Mosaicos Líricos
Alegría y tristeza
Covacha de sueños
¡Cómo dueles, Venezuela!
Encuentros y desencuentros
Ofrenda lírica a Briceida
Antología de poemas comentados y destacados
Partes I al IV
Guarumal
Brevedades líricas
Poemas disparatados
Investigación Cultural:
Dos localidades del Estado Sucre
El Municipio Marcano del Estado Nueva Esparta
Patrimonio Cultural Mariñense
Cristo en la devoción religiosa católica neoespartana
Festividades Patronales Mariñenses
La Quema de Judas en Venezuela
El Municipio Gómez del Estado Nueva Esparta
Festividades patronales del Municipio Antolín del Campo
La Virgen María en la devoción religiosa de Margarita y Coche

Festividades patronales del Municipio García del Estado Nueva Esparta, Venezuela
Festividades patronales del Estado Nueva Esparta
Nuestra Señora de Los Ángeles, patrona de Los Millanes
La Quema del Año Viejo en América Latina
La Quema de Judas en Venezuela, 2013-2014
La Quema de Judas en Venezuela 2015
Grandes compositores del bolero
Grandes intérpretes del bolero

Investigación Periodística:
Textos Periodísticos Escogidos 1 y 2
La libertad de prensa en Venezuela
Cuatro periodistas margariteños
La historia de Acción Democrática en tres reportajes periodísticos
La Hemeroteca Loca Tomos 1 al 7
La guerra del dictador Hugo Chávez contra comunicadores sociales y medios desde 2004 hasta 2012
La guerra del dictador Nicolás Maduro contra comunicadores sociales y medios desde 2013 hasta 2018
Catorce años de periodismo margariteño
Gobernadores contemporáneos del Estado Nueva Esparta.

<u>En formato CD ha publicado:</u>

La Libertad de Prensa en Latinoamérica y otros textos, Festividades Patronales Mariñenses, Elegía a mi Hermana Alcides, La Niña de El Samán, Marabal de Mis Amores, Festividades Patronales del Municipio Villalba y Festividades Patronales del Municipio Antolín del Campo.

Entre sus publicaciones en papel se cuentan:

Poesía:
Ofrenda Lírica a Briceida; Marabal de Mis Amores; La Niña de Marabal; Elegía a mi Hermana Alcides; Trípticos literarios A Briceida en Australia, Colorido, Elevación, Divagaciones y Nostalgias; Mis mejores Versos en Prosa; Incógnita; Mis mejores poemas en prosa; Añoranzas y otros poemas escogidos; Mosaicos Líricos; Entre Sueños, Cuitas a la Amada; ¡Cómo dueles, Venezuela!; Noche y otros poemas breves; Poemas Políticos escogidos; Sonetillos Escogidos; Alegría y Tristeza; Covacha de Sueños; Incógnita.

Investigación Cultural:
El Gallo en el Arte, la Literatura y la Cultura Popular; Pelea de Gallos, Patrimonio Cultural Mariñense; Festividades Patronales Mariñenses; Festividades Navideñas; Manifestaciones Culturales Populares de la Isla

de Coche; Manifestaciones Culturales Populares del Municipio Gómez; Manifestaciones Culturales Populares del Municipio Marcano; Dos Localidades del Estado Sucre; Nuestra Señora de los Ángeles patrona de Los Millanes; El Bolero en América Latina; Historia de los Primeros Periódicos de América Latina; La Quema de Judas en Venezuela 2013-2014; La Quema del Año Viejo en algunos países de Latinoamérica; Festividades Patronales del Estado Nueva Esparta; Grandes Intérpretes del Bolero; Nuestra Señora de los Ángeles patrona de Los Millanes.

Investigación Periodística:
La Desaparición de Menores en Venezuela; Problemas Alimentarios del Menor Venezolano; Niños Maltratados; Háblame de Pedro Luis; Siempre Narváez; Estado Nueva Esparta:1990-1994; Caracas sí es gobernable; Carlos Mata: Luchador Social; Así se transformó Margarita; Margarita y sus personajes (cinco volúmenes); Vida y Obra de Jesús Manuel Subero; La Mujer Margariteña; Breviario Neoespartano; Margarita Moderna; Cuatro Periodistas Margariteños; Morel: Política y Gobierno; Francisco Lárez Granado El Poeta del Mar; El Padre Gabriel; La guerra del dictador Hugo Chávez contra comunicadores sociales y medios desde 2004

hasta 2012; La guerra del dictador Nicolás Maduro contra comunicadores sociales y medios desde 2013 hasta 2018; La Hemeroteca Loca Tomos 1 al 7; Los Ojos Apagados de Rufo; El Asesinato de Oscar Pérez; Gobernadores contemporáneos del Estado Nueva Esparta; Imprenta y Periodismo en Costa Rica; Rómulo Betancourt: más de medio siglo de historia; Chávez no fue Bolivariano; El asesinato de Fernando Albán; El Asesinato del Capitán de Corbeta Acosta Arévalo; Morir en Socialismo Tomos I, II, III, IV y V.; La Corrupción en el Socialismo del Siglo XXI Tomos I,II y III, La Barbarie Represiva de la Narcodictadura de Nicolás Maduro Tomos I, II, III y IV.
CONTACTO:

Página Web: cicune.org
Twitter: @mauritoydaniel
Email: cicune@gmail.com

Gobernadores de Nueva Esparta

BIBLIOGRAFÍA

Gaceta Oficial del Estado Nueva Esparta. Diversas ediciones.

González, Rodulfo (Eladio). Morel Política y Gobierno. Editorial Pontevedra, C.A. Porlamar, 2005.

Venezuela. Estado Nueva Esparta. Memoria y Cuenta de las Actuaciones del Ejecutivo del Estado Nueva Esparta, Correspondiente al lapso del 16 de mayo al 24 de noviembre de 1948.

---Memoria y Cuenta que el Dr. Teodoro Rivas Alexander, secretario general de Gobierno, presenta a la Asamblea Legislativa en sus sesiones ordinarias de 1955

---Memoria y Cuenta que Presenta el secretario general de Gobierno Dr. Teodoro Rivas Alexander a la Asamblea Legislativa del Estado Nueva Esparta en sus Sesiones Ordinarias de 1956.

---Memoria y Cuenta que Presenta el secretario general de Gobierno, Dr. Teodoro Rivas Alexander a la Asamblea Legislativa del Estado Nueva Esparta en sus Sesiones Ordinaria de 1957.

---Mensaje que el Ciudadano Gobernador de Nueva Esparta, Dr. Agustín Ortiz Rodríguez dirige a la Asamblea Legislativa del Estado en sus sesiones de 1960.

Venezuela. Estado Nueva Esparta. Mensaje que el gobernador del Estado Nueva Esparta, ciudadano Heraclio Narváez Alfonzo, presenta a la Asamblea Legislativa en sus sesiones de junio de 1955.

Venezuela. Estado Nueva Esparta. Mensaje que el gobernador del Estado Nueva Esparta, ciudadano Heraclio Narváez Alfonzo, presenta a la Asamblea Legislativa en sus sesiones de junio de 1956.

Venezuela. Estado Nueva Esparta. Mensaje que el gobernador del Estado Nueva Esparta, ciudadano Heraclio Narváez Alfonzo, presenta a la Asamblea Legislativa en sus sesiones de junio de 1957.

Venezuela. Estado Nueva Esparta. Mensaje que el ciudadano gobernador de Nueva Esparta Luis Villalba Villalba dirige a la Asamblea Legislativa en sus sesiones de 1959.

---Memoria y Cuenta que presenta el Encargado de la Secretaría General de Gobierno, ciudadano José Jesús Rodríguez V., a la Asamblea Legislativa del Estado Nueva Esparta en sus sesiones de junio de 1960.

Venezuela. Estado Nueva Esparta. Mensaje que el ciudadano gobernador de Nueva Esparta, Dr. Agustín Ortiz Rodríguez, dirige a la Asamblea Legislativa del Estado en sus sesiones de 1960.

Venezuela. Estado Nueva Esparta. Mensaje que el ciudadano gobernador de Nueva Esparta Antonio Reina Antoni dirige a la Asamblea Legislativa del Estado, en sus sesiones de 1961.

Venezuela. Estado Nueva Esparta. Mensaje que el ciudadano gobernador de Nueva Esparta, Profesor Ramón Borra Gómez, presenta a la Asamblea Legislativa en sus sesiones de noviembre de 1962.

Venezuela. Estado Nueva Esparta. Mensaje que el ciudadano gobernador del Estado Nueva Esparta, profesor Ramón Borra Gómez, presenta a la Asamblea Legislativa en sus sesiones de noviembre de 1963.

Venezuela. Estado Nueva Esparta. Mensaje que el ciudadano gobernador del Estado Nueva Esparta, señor Antonio González Carbuccia, presenta a la Asamblea Legislativa en sus sesiones de noviembre de 1964.

Venezuela. Estado Nueva Esparta. Mensaje que el ciudadano gobernador del Estado Nueva Esparta, Vicente Gamboa Marcano, presenta a la Asamblea Legislativa en sus sesiones de noviembre de 1965.

Venezuela. Estado Nueva Esparta. Mensaje que presenta el gobernador del Estado Nueva Esparta José Luis Mattei a la Asamblea Legislativa en sus sesiones de noviembre de 1966.

Venezuela. Estado Nueva Esparta. Mensaje del ciudadano Alejandro Hernández, gobernador del Estado Nueva Esparta a la Asamblea Legislativa 1969.

Venezuela. Estado Nueva Esparta. Mensaje del ciudadano Profesor Bernardo Acosta, gobernador del Estado Nueva Esparta, a la Asamblea Legislativa 1971.

Venezuela. Estado Nueva Esparta. Mensaje que el ciudadano Dr. Virgilio Ávila Vivas, gobernador del Estado Nueva Esparta, dirige a la Asamblea Legislativa en sus sesiones del mes de marzo de 1975.

Venezuela. Estado Nueva Esparta. Mensaje que el ciudadano Dr. Virgilio Ávila Vivas gobernador del Estado Nueva Esparta dirige a la Asamblea Legislativa en sus sesiones del mes de marzo de 1977.

Venezuela. Estado Nueva Esparta. Mensaje que el ciudadano Dr. Jesús García Espinoza, gobernador del Estado Nueva Esparta, dirige a la Asamblea Legislativa en sus sesiones del mes de marzo de 1978.

Venezuela. Estado Nueva Esparta. Mensaje a la Asamblea Legislativa del ciudadano gobernador del Estado Nueva Esparta, Arq. José Fontúrvel, La Asunción marzo de 1979.

Venezuela. Estado Nueva Esparta. Mensaje a la Honorable Asamblea Legislativa del ciudadano gobernador del Estado Nueva Esparta Dr. Pedro Luis Briceño 1980.

Venezuela. Estado Nueva Esparta. Mensaje a la Asamblea Legislativa del ciudadano gobernador del Estado Nueva Esparta Dr. Pedro Luis Briceño 1981.

Venezuela. Estado Nueva Esparta. Mensaje a la Honorable Asamblea Legislativa del ciudadano gobernador del Estado Nueva Esparta Augusto Hernández H.1982.

Venezuela. Estado Nueva Esparta. Mensaje a la Honorable Asamblea Legislativa del ciudadano gobernador del Estado Nueva Esparta Augusto Hernández H. 1983.

Venezuela. Estado Nueva Esparta. Mensaje del ciudadano gobernador Dr. Jesús Pérez Salazar a la Asamblea Legislativa.1984.

Venezuela. Estado Nueva Esparta. Mensaje que presenta el gobernador del Estado Nueva Esparta a la Asamblea Legislativa de la gestión político-administrativo correspondiente al año 1985. (Pablo Márquez Gil).

Venezuela. Estado Nueva Esparta. Mensaje a la Honorable Asamblea Legislativa del ciudadano gobernador del Estado Morel Rodríguez Ávila, Gestión año 1987.

Venezuela. Estado Nueva Esparta. Mensaje a la Honorable Asamblea Legislativa del ciudadano gobernador del Estado Dr. Jesús Rafael Aguilera A. Gestión Año 1988.

Venezuela. Estado Nueva Esparta. Mensaje a la Asamblea Legislativa del ciudadano gobernador Prof. Francisco Mata Díaz, Gestión Año 1989.

Venezuela. Estado Nueva Esparta. Mensaje a la Honorable Asamblea Legislativa del ciudadano gobernador Prof. Morel Rodríguez Ávila Gestión Año 1990.

Venezuela. Estado Nueva Esparta. Mensaje que el ciudadano Prof. Morel Rodríguez gobernador del Estado presenta a la Honorable Asamblea Legislativa de su gestión del año 1994.

---Mensaje que el Ciudadano Gobernador de Nueva Esparta Antonio Reina Antoni, dirige a la Asamblea Legislativa del Estado, en sus Sesiones de 1961.

---Memoria y Cuenta que presenta el Ciudadano Dr. Enrique Aristeguieta Gramcko a la Asamblea Legislativa del Estado Nueva Esparta en sus sesiones de junio de 1961.

---Memoria y Cuenta que el ciudadano secretario general de Gobierno Prof. José Asunción Hernández M. presenta a la Asamblea Legislativa en sus Sesiones Ordinarias de 1968.

---Mensaje a la Asamblea Legislativa del ciudadano Gobernador del Estado Nueva Esparta Dr. Pedro Luis Briceño, 1980.

--- Mensaje a la Asamblea Legislativa del ciudadano Gobernador del Estado Nueva Esparta Dr. Pedro Luis Briceño, 1981.

---Mensaje a la Asamblea Legislativa del ciudadano Augusto Hernández Hernández, Gobernador del Estado Nueva Esparta. 1983.

---Mensaje a la Asamblea Legislativa del ciudadano Augusto Hernández Hernández, Gobernador del Estado Nueva Esparta, 1984.

Venezuela. Estado Nueva Esparta. Mensaje que el gobernador del Estado Nueva Esparta, ciudadano Heraclio Narváez Alfonzo, presenta a la Asamblea Legislativa en sus sesiones de junio de 1955.

Venezuela. Estado Nueva Esparta. Mensaje que el gobernador del Estado Nueva Esparta, ciudadano Heraclio Narváez Alfonzo, presenta a la Asamblea Legislativa en sus sesiones de junio de 1956.

Venezuela. Estado Nueva Esparta. Mensaje que el gobernador del Estado Nueva Esparta, ciudadano Heraclio Narváez Alfonzo, presenta a la Asamblea Legislativa en sus sesiones de junio de 1957.

Venezuela. Estado Nueva Esparta. Mensaje que el ciudadano gobernador de Nueva Esparta Luis Villalba Villalba dirige a la Asamblea Legislativa en sus sesiones de 1959.

Venezuela. Estado Nueva Esparta. Mensaje que el ciudadano gobernador de

Nueva Esparta, Dr. Agustín Ortiz Rodríguez, dirige a la Asamblea Legislativa del Estado en sus sesiones de 1960.

Venezuela. Estado Nueva Esparta. Mensaje que el ciudadano gobernador de Nueva Esparta Antonio Reina Antoni dirige a la Asamblea Legislativa del Estado, en sus sesiones de 1961.

Venezuela. Estado Nueva Esparta. Mensaje que el ciudadano gobernador de Nueva Esparta, Profesor Ramón Borra Gómez, presenta a la Asamblea Legislativa en sus sesiones de noviembre de 1962.

Venezuela. Estado Nueva Esparta. Mensaje que el ciudadano gobernador del Estado Nueva Esparta, profesor Ramón Borra Gómez, presenta a la Asamblea Legislativa en sus sesiones de noviembre de 1963.

Venezuela. Estado Nueva Esparta. Mensaje que el ciudadano gobernador del Estado Nueva Esparta, señor Antonio González Carbuccia, presenta a la Asamblea Legislativa en sus sesiones de noviembre de 1964.

Venezuela. Estado Nueva Esparta. Mensaje que el ciudadano gobernador del Estado Nueva Esparta, Vicente Gamboa Marcano, presenta a la Asamblea Legislativa en sus sesiones de noviembre de 1965.

Venezuela. Estado Nueva Esparta. Mensaje que presenta el gobernador del Estado Nueva Esparta José Luis Mattei a la Asamblea

Legislativa en sus sesiones de noviembre de 1966.

Venezuela. Estado Nueva Esparta. Mensaje del ciudadano Alejandro Hernández, gobernador del Estado Nueva Esparta a la Asamblea Legislativa 1969.

Venezuela. Estado Nueva Esparta. Mensaje del ciudadano Profesor Bernardo Acosta, gobernador del Estado Nueva Esparta, a la Asamblea Legislativa 1971.

Venezuela. Estado Nueva Esparta. Mensaje que el ciudadano Dr. Virgilio Ávila Vivas, gobernador del Estado Nueva Esparta, dirige a la Asamblea Legislativa en sus sesiones del mes de marzo de 1975.

Venezuela. Estado Nueva Esparta. Mensaje que el ciudadano Dr. Virgilio Ávila Vivas gobernador del Estado Nueva Esparta dirige a la Asamblea Legislativa en sus sesiones del mes de marzo de 1977.

Venezuela. Estado Nueva Esparta. Mensaje que el ciudadano Dr. Jesús García Espinoza, gobernador del Estado Nueva Esparta, dirige a la Asamblea Legislativa en sus sesiones del mes de marzo de 1978.

Venezuela. Estado Nueva Esparta. Mensaje a la Asamblea Legislativa del ciudadano gobernador del Estado Nueva Esparta, Arq. José Fontúrvel, La Asunción marzo de 1979.

Venezuela. Estado Nueva Esparta.
Mensaje a la Honorable Asamblea Legislativa
del ciudadano gobernador del Estado Nueva
Esparta Dr. Pedro Luis Briceño 1980.

Venezuela. Estado Nueva Esparta.
Mensaje a la Asamblea Legislativa del
ciudadano gobernador del Estado Nueva
Esparta Dr. Pedro Luis Briceño 1981.

Venezuela. Estado Nueva Esparta.
Mensaje a la Honorable Asamblea Legislativa
del ciudadano gobernador del Estado Nueva
Esparta Augusto Hernández H.1982.

Venezuela. Estado Nueva Esparta.
Mensaje a la Honorable Asamblea Legislativa
del ciudadano gobernador del Estado Nueva
Esparta Augusto Hernández H. 1983.

Venezuela. Estado Nueva Esparta.
Mensaje del ciudadano gobernador Dr. Jesús
Pérez Salazar a la Asamblea Legislativa.1984.

Venezuela. Estado Nueva Esparta.
Mensaje que presenta el gobernador del Estado
Nueva Esparta a la Asamblea Legislativa de la
gestión político-administrativo
correspondiente al año 1985. (Pablo Márquez
Gil).

Venezuela. Estado Nueva Esparta.
Mensaje a la Honorable Asamblea Legislativa
del ciudadano gobernador del Estado Morel
Rodríguez Ávila, Gestión año 1987.

Venezuela. Estado Nueva Esparta.
Mensaje a la Honorable Asamblea Legislativa

del ciudadano gobernador del Estado Dr. Jesús Rafael Aguilera A. Gestión Año 1988.

Venezuela. Estado Nueva Esparta. Mensaje a la Asamblea Legislativa del ciudadano gobernador Prof. Francisco Mata Díaz, Gestión Año 1989.

Venezuela. Estado Nueva Esparta. Mensaje a la Honorable Asamblea Legislativa del ciudadano gobernador Prof. Morel Rodríguez Ávila Gestión Año 1990.

Venezuela. Estado Nueva Esparta. Mensaje que el ciudadano Prof. Morel Rodríguez gobernador del Estado presenta a la Honorable Asamblea Legislativa de su gestión del año 1994.

ÍNDICE

I. PROEMIO 5
LOS GOBERNADORES Y SUS OBRAS 9
José Lino Quijada 9
Guillermo Salazar Meneses 15
José Emilio Cegarra 25
Dimas Paublini Guevara 27
Heraclio Narváez Alfonzo 33
Ugolino Izaguirre Velásquez 45
Luis Villalba Villalba 47
Agustín Ortiz Rodríguez 53
Antonio Reina Antoni 63
Ramón Borra Gómez 69
Antonio González Carbuccia 81
Vicente Gamboa Marcano 85
José Luis Mattei 89
Julio Villarroel 93
Enrique Carrasquero 97
José Asunción Hernández 101
Alejandro Hernández 105
Bernardo Acosta 109
Luis Márquez Sevillano 113
Virgilio Ávila Vivas 115
Jesús García Espinoza 125
José Fontúrvel Rivero 127
Pedro Luis Briceño 129
Augusto Hernández Hernández 137
Jesús Pérez Salazar 143
Pablo Márquez 147
Morel Rodríguez Ávila 151

Jesús Rafael Aguilera 171
José Luis Bruzual 175
Francisco Mata Díaz 179
Rafael Tovar 181
Bonaldy Rodríguez Mata 191
Irene Sáez Conde 193
Eustacio Aguilera León 199
Alexis Navarro Rojas..................................... 203
Carlos Mata Figueroa.................................... 215
Alfredo Díaz 217
El Autor 219
BIBLIOGRAFÍA..227

Gobernadores de Nueva Esparta

www.ingramcontent.com/pod-product-compliance
Lightning Source LLC
LaVergne TN
LVHW051038070526
838201LV00066B/4845